손으로 쓰면서
뇌를 움직이는

중학생을위한
고사성어
쓰기노트

손으로 쓰면서 뇌를 움직이는
# 중학생을위한 고사성어 쓰기노트

| | |
|---|---|
| 3쇄 인쇄 | 2024년 6월 20일 |
| 3쇄 발행 | 2024년 6월 27일 |

| | |
|---|---|
| 편저자 | 시사정보연구원 |
| 발행인 | 권윤삼 |
| 발행처 | 도서출판 산수야 |

| | |
|---|---|
| 등록번호 | 제1-1515호 |
| 주소 | 서울시 마포구 월드컵로 165-4 |
| 우편번호 | 03962 |
| 전화 | 02-332-9655 |
| 팩스 | 02-335-0674 |

ISBN 978-89-8097-471-9     43190

이 도서의 국립중앙도서관 출판시도서목록(CIP)은
서지정보유통지원시스템 홈페이지(http://seoji.nl.go.kr)와
국가자료공동목록시스템(http://www.nl.go.kr/kolisnet)에서 이용하실 수 있습니다.
(CIP제어번호: CIP2019028282)

손으로 쓰면서 뇌를 움직이는

# 중학생을 위한 고사성어 쓰기노트

故事成語

시사정보연구원 편저

• 바로 활용 가능한 실생활 적용 예시문 수록

• 수능에 자주 출제되는 고사성어 수록

• 글씨체 교정을 위한 필순 수록

• 어휘력과 독해력 향상으로 학습에 도움

• 가나다순 배열과 색인 표기

시사패스
SISAPASS.COM

　옛이야기에서 유래한 고사성어는 주로 네 글자로 이루어져 있어 사자성어라고도 합니다. 세월이 흘러도 변함없이 사용되며 깊고 넓은 삶의 지혜가 담겨 있지요. 고사성어는 교훈·경구·비유·상징어 및 관용구나 속담 등으로 사용되어 우리의 일상 언어 생활 표현을 풍부하게 해준답니다.

　우리가 일상생활 언어로 주로 사용하기 때문에《중학생을 위한 고사성어 쓰기노트》를 펼쳐본 학생이라면 익숙한 내용들을 발견하게 될 겁니다. 책이나 매스컴이나 대화에도 자주 등장하는 고사성어들이지만 한자를 잘 몰라서 쉽게 외워지지 않을 수도 있어요. 하지만 이 책으로 한글로 읽고 그 뜻을 새기면서 한자를 적다 보면 어느새 친숙하게 다가올 겁니다.

　《중학생을 위한 고사성어 쓰기노트》의 특징 중 하나는 실생활에 바로 적용할 수 있도록 각 고사성어에 생활 적용 예시문을 표기해 두었다는 점입니다. 예시문만 보아도 바로 활용이 가능하기 때문에 읽다 보면 어느새 상황에 맞는 고사성어가 자신도 모르게 입에서 툭 튀어나올 거예요.

　고사성어 책은 많지만 시사패스에서 발행한 책의 강점은 고사성어를 한자 학습과 함께 익힐 수 있다는 점이에요. 한자 쓰는 순서를 필순이라 하는데 이 책에는 한자마다 필순을 표기해 두었어요. 필순에 따라 또박또박 한자를 쓰다 보면 글만 읽었을 때보다 훨씬 빨리 고사성어를 익힐 수 있어요. 이는 과학적으로 검증된 학습방법이기도 해요.

　언젠가 책에서 보았던 내용을 사용하고 싶은데 기억이 잘 나지 않았거나 알 듯 말 듯 답답하고 당황스러운 순간들을 경험한 적은 없었나요? 이처럼 당황스러운 순간들은 글만 쓱 읽고 지나갔을 때 더 많이 나타난다고 해요. 이제는 고사성어를 한글과 한자로 읽고 차근차근 따라 쓰면서 내 것으로 만들어 보세요.

어휘력과 독해력, 고사성어로 일취월장하다!

학생들이 주로 보는 고사성어는 옛이야기를 바탕으로 풀어 놓은 책들이 대부분이랍니다. 그러다 보니 고사성어가 만들어진 배경은 쉽게 이해되지만, 시간이 지나면 어떤 상황에서 쓰이게 되었는지, 또 내가 어떤 상황에서 사용해야 하는지 잘 모르는 경우가 많아요.

《중학생을 위한 고사성어 쓰기노트》에서는 고사성어의 뜻과 함께 어떤 상황에서 사용하는지 예문을 통해서 바로 활용할 수 있도록 구성했어요. 고사성어를 이루고 있는 한자의 뜻을 생각하며 전체적인 의미를 유추하는 연습도 함께할 수 있기 때문에 어휘력과 독해력에도 도움을 준답니다.

어느 순간 고사성어가 툭, 설득력과 호소력 있는 학생으로 거듭나다!

눈으로 보고, 입으로 말하고, 손으로 쓰면서 고사성어를 익히다 보면 나도 모르게 상황에 맞는 고사성어가 입에서 툭 튀어나오게 된답니다. 적절한 상황에서 사용하는 고사성어 한마디는 길고 복잡한 어떠한 설명보다도 호소력 짙은 설득력을 가지게 돼요.

교과서에 등장하는 고사성어, 덤으로 얻는 학습효과!

고사성어를 알고 있으면 대화나 문학 작품 등을 읽을 때 뜻이 쉽게 이해되어 이해력이 높아져 숨은 뜻을 파악하기 쉽습니다. 이 책에서는 우리의 일상에서 쓰임새가 높을 뿐만 아니라 교과서에 등장하는 고사성어들을 가려 뽑았기 때문에 학습효과도 덤으로 얻을 수 있어요.

가나다순 배열, 필순도 익히면서 한자 학습 가능!

가나다순으로 고사성어가 배열되어 있어 찾아보기가 편리해요. 또한 한자를 쓰는 순서인 필순이 표기되어 있어 여러분들이 스스로 한자를 익힐 수 있답니다. 필순에 따라 한자를 또박또박 쓰다 보면 예쁘게 한자를 쓸 수 있을 뿐만 아니라 자신만의 글씨체도 교정할 수 있어요. 마음이 차분해지고 생각이 깊어지며 기억에 오래 남는 한자 학습은 덤이랍니다.

★ 중학생을 위한 고사성어 쓰기노트 이렇게 활용하세요

고사성어를 눈으로 보면서 입으로 소리 내어 읽는다.

한자의 음과 뜻을 확인하며 어떤 뜻이 담겨 있을지 생각해 본다.

뜻풀이를 보고, 내가 어떤 상황일 때 사용할 수 있는지 생각해 본다.

한자를 한 자 한 자 또박또박 따라 쓰면서 뜻과 함께 익힌다.

**5단계**

실제 적용 예시문을 읽으면서 고사성어를 마음속에 새긴다.

# 한자의 형성원리를 배워요

1. **상형문자(象形文字)** : 사물의 모양과 형태를 본뜬 글자

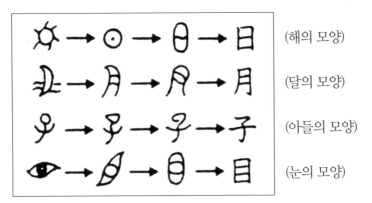

(해의 모양)

(달의 모양)

(아들의 모양)

(눈의 모양)

2. **지사문자(指事文字)** : 사물의 모양으로 나타낼 수 없는 뜻을 점이나 선

또는 부호로 나타낸 글자

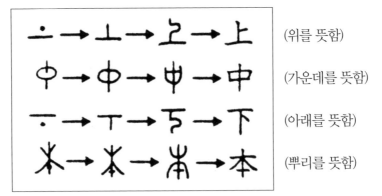

(위를 뜻함)

(가운데를 뜻함)

(아래를 뜻함)

(뿌리를 뜻함)

3. **회의문자(會意文字)** : 이미 만들어진 글자를 2개 이상 합한 글자

人(사람 인) + 言(말씀 언) = 信(믿을 신) : 사람의 말은 믿는다.

田(밭 전) + 力(힘 력) = 男(사내 남) : 밭에서 힘써 일하는 사람.

日(날 일) + 月(달 월) = 明(밝을 명) : 해와 달이 밝다.

人(사람 인) + 木(나무 목) = 休(쉴 휴) : 사람이 나무 아래서 쉬다.

① 동체회의(同體會意) : 같은 글자를 합한 것

月+月=朋          日+日=昌                    匕+匕=比                    立+立=竝

② 이체회의(異體會意) : 다른 글자를 합한 것

十+口=古          人+立=位               口+鳥=鳴          木+日=東

③ 생체회의(省體會意) : 두 글자가 합칠 때 일부분을 줄여서 합한 것

老+子=孝          羊+我=義          營+力=勞


4. **형성문자(形聲文字)** : 뜻을 나타내는 부분과 음을 나타내는 부분을 합한 글자

口(큰입 구) + 未(아닐 미) = 味(맛볼 미)          左意右音좌의우음

工(장인 공) + 力(힘 력) = 功(공 공)          右意左音우의좌음

田(밭 전) + 介(끼일 개) = 界(지경 계)          上意下音상의하음

相(서로 상) + 心(마음 심) = 想(생각 상)          下意上音하의상음

口(큰입 구) + 古(옛 고) = 固(굳을 고)          外意內音외의내음

門(문 문) + 口(입 구) = 問(물을 문)          內意外音내의외음


5. **전주문자(轉注文字)** : 있는 글자에 그 소리와 뜻을 다르게 굴리고(轉) 끌어내어(注) 만든 글자

樂(풍류 악) → (즐길 락 · 좋아할 요)          예) 音樂(음악), 娛樂(오락)

惡(악할 악) → (미워할 오)          예) 善惡(선악), 憎惡(증오)

長(긴 장) → (어른 · 우두머리 장)          예) 長短(장단), 課長(과장)


6. **가차문자(假借文字)** : 본 뜻과 관계없이 음만 빌어 쓰는 글자를 말하며 한자의 조사,
동물의 울음소리, 외래어를 한자로 표기할 때 쓰인다.

東天紅(동천홍) → 닭의 울음소리

然(그럴 연) → 그러나(한자의 조사)

亞米利加(아미리가) → America(아메리카)

可口可樂(가구가락) → Cocacola(코카콜라)

弗(불) → $(달러, 글자 모양이 유사함)

伊太利(이태리) → Italy(이탈리아)

亞細亞(아세아) → Asia(아세아)

# 한자 쓰기의 기본원칙을 배워요

1. 위에서 아래로 쓴다.
   言(말씀 언) → ﹁ 二 三 三 言 言 言
   雲(구름 운) → ﹁ 一 广 币 币 雨 雨 雩 雲 雲 雲

2. 왼쪽에서 오른쪽으로 쓴다.
   江(강 강) → ﹅ ﹅ 氵 汀 江 江
   例(법식 예) → 丿 亻 仃 仍 例 例 例 例

3. 가로획과 세로획이 겹칠 때는 가로획을 먼저 쓴다.
   用(쓸 용) → 丿 几 冂 月 用
   共(함께 공) → 一 十 艹 苩 共 共

4. 삐침과 파임이 만날 때는 삐침을 먼저 쓴다.
   人(사람 인) → 丿 人
   文(글월 문) → ﹅ 亠 宁 文

5. 좌우가 대칭될 때에는 가운데를 먼저 쓴다.
   小(작을 소) → 亅 小 小
   承(받들 승) → 乛 了 了 矛 手 矛 承 承

6. 둘러 싼 모양으로 된 자는 바깥쪽을 먼저 쓴다.
   同(같을 동) → 丨 冂 冂 同 同 同
   病(병날 병) → ﹅ 亠 广 广 扩 疒 疒 病 病 病

7. 글자를 가로지르는 가로획은 나중에 긋는다.
   女(여자 녀) → 〈 女 女
   母(어미 모) → 〈 끄 끄 묘 母

8. 글자 전체를 꿰뚫는 세로획은 나중에 쓴다.
   車(수레 거) → 一 匸 戸 百 自 亘 車
   事(일 사) → 一 匸 戸 戸 写 写 事

9. 책받침(辶, 廴)은 나중에 쓴다

    近(원근 근) → ´ ㇀ ㇄ ㇄ 斤 沂 近 近

    建(세울 건) → ㇐ ㇕ ㇐ ㇄ ㇆ 聿 律 建 建

10. 오른쪽 위에 점이 있는 글자는 그 점을 나중에 찍는다.

    犬(개 견) → ㇐ ナ 大 犬

    成(이룰 성) → ㇒ ㇚ 厂 厅 成 成 成

■ 한자의 기본 점(點)과 획(劃)

  (1) 점

    ①「丶」: 왼점　　　　　　　②「丶」: 오른점

    ③「丶」: 오른 치킴　　　　④「丿」: 오른점 삐침

  (2) 직선

    ⑤「一」: 가로긋기　　　　⑥「丨」: 내리긋기

    ⑦「㇀」: 평갈고리　　　　⑧「亅」: 왼 갈고리

    ⑨「㇁」: 오른 갈고리

  (3) 곡선

    ⑩「丿」: 삐침　　　　　　⑪「㇀」: 치킴

    ⑫「丶」: 파임　　　　　　⑬「辶」: 받침

    ⑭「亅」: 굽은 갈고리　　　⑮「乀」: 지게다리

    ⑯「㇄」: 누운 지게다리　　⑰「乚」: 새가슴

| 少 ② ① | 火 ④ ③ | 主 ⑤ | 伸 ⑥ | 揮 ⑦ ⑧ | 表 ⑨ |
|---|---|---|---|---|---|
| 冷 ⑩ ⑫ ⑪ | 送 ⑬ | 乎 ⑭ | 式 ⑮ | 忠 ⑯ | 兄 ⑰ |

| | |
|---|---|

# 家家户户

## 가가호호

한 집 한 집. 집집마다. 모든 집을 말해요.

**실생활 적용 예시문**

삼일절에 태극기가 가가호호 휘날리고 있다.

| 家 | 家 | | | | |
|---|---|---|---|---|---|
| 집 가 | `丶宀宀宀宀宀家家` | | | | |
| 家 | 家 | | | | |
| 집 가 | `丶宀宀宀宀宀家家` | | | | |
| 户 | 户 | | | | |
| 집 호 | `丶ラ戸户` | | | | |
| 户 | 户 | | | | |
| 집 호 | `丶ラ戸户` | | | | |

# 苛斂誅求

## 가렴주구

세금을 가혹하게 거두어들이고, 무리하게 재물을 빼앗는 것을 말해요.

**실생활 적용 예시문**

왕실의 가렴주구 때문에 백성들이 난리를 일으켰다.

| 苛 | 苛 | | | | |
|---|---|---|---|---|---|
| 가혹할 가 | `一 十 卄 芢 芢 苩 苩 苛` | | | | |
| 斂 | 斂 | | | | |
| 거둘 렴, 거둘 염 | `人 人 合 合 俞 余 僉 僉 僉 鈝 斂 斂` | | | | |
| 誅 | 誅 | | | | |
| 벨 주 | `亠 言 言 言 言 訅 訣 誅` | | | | |
| 求 | 求 | | | | |
| 구할 구 | `一 十 寸 寸 求 求 求` | | | | |

# 刻骨難忘

## 각골난망

남에게 입은 은혜가 뼈에 새길 만큼 커서 잊히지 아니한다는 뜻이에요.

**실생활 적용 예시문**

그동안 보살펴 주신 은혜는 실로 각골난망입니다.

| 刻 | 刻 | | | | |
|---|---|---|---|---|---|
| 새길 각 | `亠 亠 岁 亥 亥 亥 刻` | | | | |
| 骨 | 骨 | | | | |
| 뼈 골 | `丨 冂 冎 冎 骨 骨 骨` | | | | |
| 難 | 難 | | | | |
| 어려울 난 | `一 廿 廿 廿 莫 莫 菓 難 難 難 難` | | | | |
| 忘 | 忘 | | | | |
| 잊을 망 | `丶 亠 亡 忘 忘` | | | | |

# 刻舟求劍

## 각주구검

초나라 사람이 칼을 강물에 떨어뜨리자 뱃전에 그 자리를 표시했다가 배가 움직인 것을 생각하지 않고 칼을 찾았다는 데서 유래해요. 융통성 없이 낡은 생각을 고집하는 어리석음을 이르는 말이에요.

**실생활 적용 예시문**

어리석고 융통성이 없는 게 꼭 각주구검이구나.

| 刻 | 刻 | | | | |
|---|---|---|---|---|---|
| 새길 **각** | 一 亠 亥 亥 亥 刻 刻 | | | | |
| 舟 | 舟 | | | | |
| 배 **주** | ′ 丿 力 力 舟 舟 | | | | |
| 求 | 求 | | | | |
| 구할 **구** | 一 十 寸 才 求 求 求 | | | | |
| 劍 | 劍 | | | | |
| 칼 **검** | 人 亼 亼 命 命 僉 僉 劍 | | | | |

# 甘吞苦吐

## 감탄고토

달면 삼키고 쓰면 뱉는다는 뜻으로, 자신의 비위에 따라서 사리의 옳고 그름을 판단함을 말해요.

**실생활 적용 예시문**

친구들이 보이는 감탄고토의 자세에 실망이야.

| 甘 | 甘 | | | | |
|---|---|---|---|---|---|
| 달 **감** | 一 十 卄 甘 甘 | | | | |
| 吞 | 吞 | | | | |
| 삼킬 **탄** | ′ 二 チ 天 禾 吞 吞 | | | | |
| 苦 | 苦 | | | | |
| 쓸 **고** | 一 十 艹 芐 苦 苦 苦 苦 苦 | | | | |
| 吐 | 吐 | | | | |
| 토할 **토** | 丨 ⼞ 口 ⼝ 吐 吐 | | | | |

# 甲男乙女

## 갑남을녀

甲(갑)이라는 남자와 乙(을)이라는 여자라는 뜻으로, 신분이나 이름이 알려지지 아니한 평범한 사람들을 이르는 말이에요.

**실생활 적용 예시문**

나는 사람을 좋아하는 갑남을녀 중 하나요.

| 甲 | 甲 | | | | |
|---|---|---|---|---|---|
| 갑옷 **갑** | 丨 ⼞ 曰 日 甲 | | | | |
| 男 | 男 | | | | |
| 사내 **남** | 丨 ⼞ 田 田 田 男 男 | | | | |
| 乙 | 乙 | | | | |
| 새 **을** | 乙 | | | | |
| 女 | 女 | | | | |
| 여자 **녀** | 乀 ⼥ 女 | | | | |

## 康衢煙月

### 강구연월

번화한 큰 길거리에서 달빛이 연기에 은은하게 비치는 모습을 나타내는 말로, 태평한 세상의 평화로운 풍경을 이르는 말이에요.

**실생활 적용 예시문**

경상 수영은 엄숙한 진터가 아니라, 마치 강구연월을 노래하는 놀이터 같았다.

| 康 | 康 | | | | |
|---|---|---|---|---|---|
| 편안 강 | `丶一广户户户序序唐康康` | | | | |
| 衢 | 衢 | | | | |
| 네거리·갈구 | `彳彳彳彳彳彳衢衢衢衢衢衢` | | | | |
| 煙 | 煙 | | | | |
| 연기 연 | `丶丷火炉炉炉煙煙` | | | | |
| 月 | 月 | | | | |
| 달 월 | `丿刀月月` | | | | |

## 改過遷善

### 개 과 천 선

지난날의 잘못이나 허물을 고쳐 올바르고 착하게 된다는 뜻이에요.

**실생활 적용 예시문**

그 죄인은 사형을 면하고 개과천선의 기회를 얻었다.

| 改 | 改 | | | | |
|---|---|---|---|---|---|
| 고칠 개 | `フコヨヨ改改改` | | | | |
| 過 | 過 | | | | |
| 지날 과 | `丨冂冂冎咼咼渦過` | | | | |
| 遷 | 遷 | | | | |
| 옮길 천 | `一匸覀覀覀覀奧奧罢罢遷遷` | | | | |
| 善 | 善 | | | | |
| 착할 선 | `丷兰羊羞善善善` | | | | |

## 去頭截尾

### 거 두 절 미

머리와 꼬리를 잘라버린다는 뜻으로, 앞뒤를 생략하고 본론으로 들어가는 것을 뜻해요.

**실생활 적용 예시문**

복잡한 사건들을 거두절미하고 이야기할게.

| 去 | 去 | | | | |
|---|---|---|---|---|---|
| 갈 거 | `一十土去去` | | | | |
| 頭 | 頭 | | | | |
| 머리 두 | `丆戸豆豆頭頭頭頭` | | | | |
| 截 | 截 | | | | |
| 끊을 절 | `一十土音音截截截` | | | | |
| 尾 | 尾 | | | | |
| 꼬리 미 | `フコア尸尸屋尾` | | | | |

# 車載斗量

## 거재두량

수레에 싣고 말로 된다는 뜻으로, 물건이나 인재 따위가 많아서 그다지 귀하지 않음을 이르는 말이에요.

### 실생활 적용 예시문

항복하는 자가 거재두량으로 많았다.

| 車 | 車 | | | | | |
|---|---|---|---|---|---|---|
| 수레 거 | 一 「 行 行 行 亘 車 | | | | | |
| 載 | 載 | | | | | |
| 실을 재 | 一 十 土 吉 査 車 載 載 載 | | | | | |
| 斗 | 斗 | | | | | |
| 말 두 | 丶 丶 二 斗 | | | | | |
| 量 | 量 | | | | | |
| 헤아릴 량 | 口 日 旦 昌 昌 昌 量 量 | | | | | |

# 乾坤一擲

## 건곤일척

주사위를 던져 승패를 건다는 뜻으로, 운명을 걸고 단판걸이로 승부를 겨룸을 이르는 말이에요.

### 실생활 적용 예시문

건곤일척의 혈투를 벌이다.

| 乾 | 乾 | | | | | |
|---|---|---|---|---|---|---|
| 하늘 건 | 一 十 古 古 直 車 乾 乾 | | | | | |
| 坤 | 坤 | | | | | |
| 땅 곤 | 一 十 土 圹 圹 坦 坤 坤 | | | | | |
| 一 | | | | | | |
| 한 일 | 一 | | | | | |
| 擲 | 擲 | | | | | |
| 던질 척 | 一 扌 扩 扩 护 护 护 挡 挡 挡 挡 攦 擲 | | | | | |

# 格物致知

## 격물치지

실제 사물의 이치를 연구하여 지식을 완전하게 함을 말해요.

### 실생활 적용 예시문

조선 초기에는 격물치지를 존중하는 경험적 학풍이 지배적이었다.

| 格 | 格 | | | | | |
|---|---|---|---|---|---|---|
| 격식 격 | 一 十 才 才 杪 杪 格 格 格 | | | | | |
| 物 | 物 | | | | | |
| 물건 물 | 丿 亻 牛 牛 牝 物 物 物 | | | | | |
| 致 | 致 | | | | | |
| 이를 치 | 一 工 互 至 至 到 致 致 致 | | | | | |
| 知 | 知 | | | | | |
| 알 지 | 丿 二 午 矢 知 知 知 | | | | | |

## 隔世之感

### 격세지감

오래지 않은 동안에 몰라보게 변하여 아주 다른 세상이 된 것 같은 느낌이나 많은 변화가 있었음을 비유하는 말이에요.

**실생활 적용 예시문**

오랜만에 찾은 고향의 모습이 많이 달라져 격세지감이었다.

| 隔 | 隔 | | | | |
|---|---|---|---|---|---|
| 사이 뜰 격 | ⁊ ⻖ ⻖ ⻖⁻ ⻖⁼ 隔 隔 隔 | | | | |
| 世 | 世 | | | | |
| 인간 세 | 一 十 世 世 世 | | | | |
| 之 | 之 | | | | |
| 갈 지 | ⸍ ⸍ 之 | | | | |
| 感 | 感 | | | | |
| 느낄 감, 한할 감 | ⼃ 厂 厂 厂 厈 咸 咸 感 感 | | | | |

## 隔靴搔痒

### 격화소양

신을 신고 발바닥을 긁는다는 뜻으로, 성에 차지 않거나 철저하지 못한 안타까움을 이르는 말이에요.

**실생활 적용 예시문**

이번에 나온 정책은 격화소양일 뿐이다.

| 隔 | 隔 | | | | |
|---|---|---|---|---|---|
| 사이 뜰 격 | ⁊ ⻖ ⻖ ⻖⁻ ⻖⁼ 隔 隔 隔 | | | | |
| 靴 | 靴 | | | | |
| 신(신발) 화 | 一 廿 廿 卉 苎 苹 革 革 靪 靪⁻ 靴 | | | | |
| 搔 | 搔 | | | | |
| 긁을 소 | 一 ⼀ 扌 扣 扨 挬 挼 掻 搔 搔 | | | | |
| 痒 | 痒 | | | | |
| 가려울 양 | ⸍ ⼀ 广 疒 疒 疹 痒 痒 | | | | |

## 牽强附會

### 견강부회

이치에 맞지 않는 말을 억지로 끌어 붙여 자기에게 유리하게 한다는 뜻이에요.

**실생활 적용 예시문**

그 말은 현재의 상황을 넘겨 보려는 견강부회일 뿐이다.

| 牽 | 牽 | | | | |
|---|---|---|---|---|---|
| 이끌, 끌 견 | ⼀ 宀 玄 宓 産 牽 牽 牽 | | | | |
| 强 | 强 | | | | |
| 강할 강 | ⼀ ⼸ 弨 弨 弹 弹 强 强 | | | | |
| 附 | 附 | | | | |
| 붙을 부 | ⻖ ⻖ 阝⁻ 阝⁼ 附 附 附 | | | | |
| 會 | 會 | | | | |
| 모일 회 | ⼃ 人 ⼈ 今 命 命 命 曾 會 會 | | | | |

# 犬馬之勞

## 견마지로

개나 말의 하찮은 힘이라는 뜻으로, 윗사람에게 충성을 다하는 자신의 노력을 낮추어 이르는 말이에요.

**실생활 적용 예시문**

민족을 위해서 견마지로의 충성을 다하겠습니다.

| 犬 | 犬 | | | | |
|---|---|---|---|---|---|
| 개 견 | 一ナ大犬 | | | | |
| 馬 | 馬 | | | | |
| 말 마 | 丨厂厂严馬馬 | | | | |
| 之 | 之 | | | | |
| 갈 지 | 丶ラ之 | | | | |
| 勞 | 勞 | | | | |
| 일할 로 | 丶丶丷ㅉ炒炒營勞 | | | | |

# 見物生心

## 견물생심

어떠한 실물을 보게 되면 그것을 가지고 싶은 욕심이 생긴다는 뜻이에요.

**실생활 적용 예시문**

광고는 견물생심을 유도하기도 한다.

| 見 | 見 | | | | |
|---|---|---|---|---|---|
| 볼 견 | 丨冂冂冃目貝見 | | | | |
| 物 | 物 | | | | |
| 물건 물 | 丿亠牛牛牜物物物 | | | | |
| 生 | 生 | | | | |
| 날 생 | 丿𠂉一牛生 | | | | |
| 心 | 心 | | | | |
| 마음 심 | 丶心心心 | | | | |

# 堅忍不拔

## 견인불발

굳게 참고 견디어 마음이 흔들리지 않음을 말해요.

**실생활 적용 예시문**

견인불발의 자세로 회사를 경영하겠습니다.

| 堅 | 堅 | | | | |
|---|---|---|---|---|---|
| 굳을 견 | 一丅丆丏臣臤𦒃堅堅 | | | | |
| 忍 | 忍 | | | | |
| 참을 인 | 刀刃刃忍忍忍 | | | | |
| 不 | 不 | | | | |
| 아닐 부, 아닐 불 | 一丆刁不 | | | | |
| 拔 | 拔 | | | | |
| 뽑을 발 | 一扌扌扩扙扙拔拔 | | | | |

# 結草報恩

## 결초보은

'풀을 묶어서 은혜를 갚는다' 는 뜻으로, 죽은 뒤에라도 은혜를 잊지 않고 갚음을 이르는 말이에요.

### 실생활 적용 예시문

이 은혜는 잊지 않고 언젠가 결초보은하겠습니다.

| 結 | 結 | | | | |
|---|---|---|---|---|---|
| 맺을 결 | ⺀⺈⺈糸糸糸糸結結 | | | | |
| 草 | 草 | | | | |
| 풀 초 | 一十艹艹艹苩苩草草 | | | | |
| 報 | 報 | | | | |
| 갚을 보 | 一十土尹幸幸幸幸幸幸報報 | | | | |
| 恩 | 恩 | | | | |
| 은혜 은 | 门门闩因因恩恩 | | | | |

# 經國濟世

## 경국제세

나라를 잘 다스려 세상을 구제한다는 말이에요.

### 실생활 적용 예시문

그는 경국제세의 사상을 배울 수 있는 분야를 공부할 예정이다.

| 經 | 經 | | | | |
|---|---|---|---|---|---|
| 지날 경 | ⺀⺈⺈糸糸糸糸經經經 | | | | |
| 國 | 國 | | | | |
| 나라 국 | 门门闩周民國國國 | | | | |
| 濟 | 濟 | | | | |
| 건널 제 | 氵氵氵氵氵泸泸泸泸濟濟 | | | | |
| 世 | 世 | | | | |
| 인간 세 | 一十十卅世 | | | | |

# 敬而遠之

## 경이원지

겉으로는 공경하는 체하면서 실제로는 꺼리어 멀리함을 뜻해요.

### 실생활 적용 예시문

저들이 우리를 경이원지하는 것 같아.

| 敬 | 敬 | | | | |
|---|---|---|---|---|---|
| 공경 경 | 一十丬芍芍苟苟苟敬敬 | | | | |
| 而 | 而 | | | | |
| 말 이을 이 | 一丆丆丙而而 | | | | |
| 遠 | 遠 | | | | |
| 멀 원 | 一十土吉吉吉责责袁遠遠 | | | | |
| 之 | 之 | | | | |
| 갈 지 | ⺀⺂之 | | | | |

# 鷄卵有骨

## 계란유골

달걀에도 뼈가 있다는 뜻으로, 운수가 나쁜 사람은 모처럼 좋은 기회를 만나도 역시 일이 잘 안됨을 이르는 말이에요.

**실생활 적용 예시문**

계란유골이라더니 하는 일마다 번번하게 실패를 한다.

| 鷄 | 鷄 | | | | |
|---|---|---|---|---|---|
| 닭 계 | ´ ˆ ˊ 𥫗 𥫗 𥫗 𥫗 𥫗 𥫗 鷄 鷄 | | | | |
| 卵 | 卵 | | | | |
| 알 란 | ´ ㄷ ㄸ ㅸ ㅸ 卵 | | | | |
| 有 | 有 | | | | |
| 있을 유 | ノ ナ ナ 冇 有 有 | | | | |
| 骨 | 骨 | | | | |
| 뼈 골 | ㅣ ㄇ ㅂ 丹 丹 冎 骨 骨 | | | | |

# 股肱之臣

## 고굉지신

다리와 팔같이 중요한 신하라는 뜻으로, 임금이 가장 신임하는 신하를 이르는 말이에요.

**실생활 적용 예시문**

아무리 고굉지신이어도 부정을 저질렀으면 책임을 져야 한다.

| 股 | 股 | | | | |
|---|---|---|---|---|---|
| 넓적다리 고 | ノ 刀 月 月 肝 股 股 | | | | |
| 肱 | 肱 | | | | |
| 팔뚝 굉 | ノ 刀 月 肝 肚 肱 肱 | | | | |
| 之 | 之 | | | | |
| 갈 지 | ` ㇇ 之 | | | | |
| 臣 | 臣 | | | | |
| 신하 신 | 一 ㄸ 五 五 五 臣 | | | | |

# 膏粱珍味

## 고량진미

기름진 고기와 좋은 곡식으로 만든 맛있는 음식을 말해요.

**실생활 적용 예시문**

고량진미도 자기 입에 안 맞으면 그만이다.

| 膏 | 膏 | | | | |
|---|---|---|---|---|---|
| 기름 고 | ` 亠 古 产 高 膏 膏 | | | | |
| 粱 | 粱 | | | | |
| 기장 량 | 氵 汀 沪 沪 沪 渺 渺 粱 | | | | |
| 珍 | 珍 | | | | |
| 보배 진 | 一 ㄷ 王 玠 玪 玪 珍 珍 | | | | |
| 味 | 味 | | | | |
| 맛 미 | ㅣ ㅁ ㅁ ㅁ 哧 味 味 | | | | |

# 孤掌難鳴

## 고장난명

외손뼉은 울릴 수 없다는 뜻으로, 혼자서는 어떤 일을 이룰 수 없다는 말. 상대 없이는 싸움이 일어나지 않음을 이르는 말이에요.

### 실생활 적용 예시문

고장난명이라고 둘이 똑같으니깐 싸우는 거야.

| 孤 | 孤 | | | | |
|---|---|---|---|---|---|
| 외로울 고 | ⁷ ⁷ ⁷ ⁷ 孑 孤 孤 孤 | | | | |
| 掌 | 掌 | | | | |
| 손바닥 장 | ⁱ ⁺ ⁺ 낲 쌍 쌍 쌍 掌 | | | | |
| 難 | 難 | | | | |
| 어려울 난 | 一 廿 廿 苦 莒 莫 莫 難 難 難 難 | | | | |
| 鳴 | 鳴 | | | | |
| 울 명 | ⁱ 口 叮 叭 唣 鳴 鳴 | | | | |

# 苦盡甘來

## 고진감래

쓴 것이 다하면 단 것이 온다는 뜻으로, 고생 끝에 즐거움이 옴을 이르는 말이에요.

### 실생활 적용 예시문

고진감래라더니 이렇게 좋은 일도 있구나.

| 苦 | 苦 | | | | |
|---|---|---|---|---|---|
| 쓸 고 | 一 ⁺ 生 竺 芏 苦 苦 苦 | | | | |
| 盡 | 盡 | | | | |
| 다할 진 | ⁷ ⁿ 聿 聿 書 書 盡 | | | | |
| 甘 | 甘 | | | | |
| 달 감 | 一 ⁺ 廿 廿 甘 | | | | |
| 來 | 來 | | | | |
| 올 래 | 一 厂 厂 瓜 瓜 中 來 來 | | | | |

# 曲學阿世

## 곡학아세

바르지 못한 학문으로 세상 사람에게 아첨함을 이르는 말이에요.

### 실생활 적용 예시문

곡학아세를 일삼는 그런 부류와는 상종하고 싶지 않다.

| 曲 | 曲 | | | | |
|---|---|---|---|---|---|
| 굽을 곡 | ⁱ 冂 日 内 曲 曲 | | | | |
| 學 | 學 | | | | |
| 배울 학 | ⁱ ⁺ ⁺ ⁺ ⁺ ⁺ ⁺ 與 學 學 學 | | | | |
| 阿 | 阿 | | | | |
| 언덕 아 | ⁷ ⁷ ⁷ ⁷ ⁷ ⁷ ⁷ ⁷ | | | | |
| 世 | 世 | | | | |
| 인간 세 | 一 十 廿 世 世 | | | | |

# 管鮑之交

## 관포지교

관중과 포숙의 사귐이란 뜻으로, 우정이 아주 돈독한 친구 관계를 이르는 말이에요.

### 실생활 적용 예시문

'관포지교' 와 같은 우정을 나눌 수 있는 친구가 있으면 좋겠어.

| 管 | 管 | | | | |
|---|---|---|---|---|---|
| 대롱 관 | ノ 广 竺 竺 管 管 管 | | | | |
| 鮑 | 鮑 | | | | |
| 절인 물고기 포 | ノ ク ケ ケ 有 有 角 魚 魚 魚 魚 魚 魚 鮑 鮑 鮑 | | | | |
| 之 | 之 | | | | |
| 갈 지 | ﾉ ﾌ 之 | | | | |
| 交 | 交 | | | | |
| 사귈 교 | ﾉ 亠 宁 六 交 交 | | | | |

# 刮目相對

## 괄목상대

눈을 비비고 상대편을 본다는 뜻으로, 남의 학식이나 재주가 놀랄 만큼 부쩍 늚을 이르는 말이에요.

### 실생활 적용 예시문

프로선수는 괄목상대의 기량을 과시하며 우승했어.

| 刮 | 刮 | | | | |
|---|---|---|---|---|---|
| 긁을 괄 | ﾉ 二 千 千 舌 舌 刮 刮 | | | | |
| 目 | 目 | | | | |
| 눈 목 | Ⅰ 冂 月 月 目 | | | | |
| 相 | 相 | | | | |
| 서로 상 | 一 十 木 木 札 和 相 相 相 | | | | |
| 對 | 對 | | | | |
| 대할 대 | ⺊ ⺊ ⺊ 业 业 ⺄ 對 對 | | | | |

# 矯角殺牛

## 교각살우

'쇠뿔을 바로잡으려다 소를 죽인다' 는 뜻으로, 결점이나 흠을 고치려다 수단이 지나쳐 도리어 일을 그르침을 말해요.

### 실생활 적용 예시문

게임중독이라 단정하는 교각살우의 어리석음을 범하지 마라.

| 矯 | 矯 | | | | |
|---|---|---|---|---|---|
| 바로잡을 교 | ﾉ ﾉ ㇈ 头 矢 矢 妖 矯 矯 矯 | | | | |
| 角 | 角 | | | | |
| 뿔 각 | ﾉ ⺈ ㇇ 角 角 角 角 | | | | |
| 殺 | 殺 | | | | |
| 죽일 살 | ﾉ ㄨ ㅅ 半 杀 杀 杀 杀 殺 殺 殺 | | | | |
| 牛 | 牛 | | | | |
| 소 우 | ﾉ 二 二 牛 | | | | |

## 巧言令色

### 교언영색

남에게 잘 보이려고 그럴듯하게 꾸며 대는 말과 알랑거리는 태도를 말해요.

**실생활 적용 예시문**

회장은 자신의 직선적인 말과 태도가 교언영색보다는 낫지 않으냐고 반문했다.

| 巧 | 巧 | | | | |
|---|---|---|---|---|---|
| 공교할 교 | 一 丁 I 丁 巧 | | | | |
| 言 | 言 | | | | |
| 말씀 언 | 、 二 二 宀 言 言 言 | | | | |
| 令 | 令 | | | | |
| 하여금 영 | 丿 人 스 今 令 | | | | |
| 色 | 色 | | | | |
| 빛 색 | 丿 勹 勹 夕 岛 色 | | | | |

## 九死一生

### 구사일생

아홉 번 죽을 뻔하다 한 번 살아난다는 뜻으로, 죽을 고비를 여러 차례 넘기고 겨우 살아남을 이르는 말이에요.

**실생활 적용 예시문**

구사일생으로 목숨을 건졌다고 기뻐했어.

| 九 | 九 | | | | |
|---|---|---|---|---|---|
| 아홉 구 | 丿 九 | | | | |
| 死 | 死 | | | | |
| 죽을 사 | 一 厂 歹 歹 死 死 | | | | |
| 一 | 一 | | | | |
| 한 일 | 一 | | | | |
| 生 | 生 | | | | |
| 날 생 | 丿 一 一 牛 生 | | | | |

## 九十春光

### 구십춘광

석 달 동안의 화창한 봄 날씨를 말해요.

**실생활 적용 예시문**

구십춘광 피던 꽃도 하룻밤의 비바람에 오간 데 없구나.

| 九 | 九 | | | | |
|---|---|---|---|---|---|
| 아홉 구 | 丿 九 | | | | |
| 十 | 十 | | | | |
| 열 십 | 一 十 | | | | |
| 春 | 春 | | | | |
| 봄 춘 | 一 二 三 声 夫 未 春 春 | | | | |
| 光 | 光 | | | | |
| 빛 광 | 丨 丨 丷 平 光 光 | | | | |

# 九牛一毛

## 구우일모

아홉 마리의 소 가운데 박힌 하나의 털이란 뜻으로, 매우 많은 것 가운데 극히 적은 수를 말해요.

### 실생활 적용 예시문

그들이 저지른 행위는 구우일모에 지나지 않습니다.

| 九 | 九 | | | | |
|---|---|---|---|---|---|
| 아홉 구 | ノ 九 | | | | |
| 牛 | 牛 | | | | |
| 소 우 | ノ 二 牛 | | | | |
| 一 | 一 | | | | |
| 한 일 | 一 | | | | |
| 毛 | 毛 | | | | |
| 털 모 | ノ 二 三 毛 | | | | |

# 九折羊腸

## 구절양장

아홉 번 꼬부라진 양의 창자라는 뜻으로, 꼬불꼬불하며 험한 산길을 이르는 말이에요.

### 실생활 적용 예시문

깊은 산속 계곡을 따라 난 그 길은 구절양장이었어.

| 九 | 九 | | | | |
|---|---|---|---|---|---|
| 아홉 구 | ノ 九 | | | | |
| 折 | 折 | | | | |
| 꺾을 절 | 一 十 扌 扩 折 折 | | | | |
| 羊 | 羊 | | | | |
| 양 양 | 丶 丷 二 三 兰 羊 羊 | | | | |
| 腸 | 腸 | | | | |
| 창자 장 | 刀 月 肝 胛 腭 腸 腸 | | | | |

# 群鷄一鶴

## 군계일학

닭의 무리 가운데에서 한 마리의 학이란 뜻으로, 많은 사람 가운데서 뛰어난 인물을 이르는 말이에요.

### 실생활 적용 예시문

많은 사람 틈에서도 그는 군계일학 격으로 두드러져 보였다.

| 群 | 群 | | | | |
|---|---|---|---|---|---|
| 무리 군 | フ ㅋ ㅋ 尹 君 君 群 群 | | | | |
| 鷄 | 鷄 | | | | |
| 닭 계 | 丶 丷 奚 奚 奚 鷄 鷄 鷄 | | | | |
| 一 | 一 | | | | |
| 한 일 | 一 | | | | |
| 鶴 | 鶴 | | | | |
| 학 학 | 一 ナ ナ 产 崔 雀 雀 鹤 鹤 鶴 鶴 | | | | |

# 群雄割據

## 군웅할거

여러 영웅이 각기 한 지방씩 차지하고
위세를 부린다는 뜻이에요.

### 실생활 적용 예시문

춘추전국 시대는 군웅할거 시대였다.

| 群 | 群 | | | |
|---|---|---|---|---|
| 무리 군 | ¬ ユ ¬ ¬ 尹 君 君 君′ 郡 群 | | | |
| 雄 | 雄 | | | |
| 수컷 웅 | ナ 広 灯 圤 雄 雄 雄 | | | |
| 割 | 割 | | | |
| 벨 할 | ` 宀 宀 宝 害 害 割 | | | |
| 據 | 據 | | | |
| 근거 거 | 一 十 扌 扩 扩 护 护 扲 扲 擄 據 | | | |

# 勸善懲惡

## 권선징악

착한 일을 권장하고 악한 일을 징계함을
뜻해요.

### 실생활 적용 예시문

고대 소설의 주제는 권선징악이 대부분이다.

| 勸 | 勸 | | | |
|---|---|---|---|---|
| 권할 권 | 一 艹 艹 扩 芦 莭 莭 莭 莭 勸 勸 | | | |
| 善 | 善 | | | |
| 착할 선 | 丷 ᅺ 羊 羊 盖 盖 善 善 | | | |
| 懲 | 懲 | | | |
| 징계할 징 | 彳 彸 徍 徻 懲 懲 懲 | | | |
| 惡 | 惡 | | | |
| 악할 악 | 一 T 亞 亞 亞 惡 惡 惡 | | | |

# 捲土重來

## 권토중래

어떤 일에 실패한 뒤에 힘을 가다듬어
다시 그 일에 착수함을 비유하여 이르는
말이에요.

### 실생활 적용 예시문

지난번 실패를 거울삼아 권토중래의 각오를
새롭게 하였다.

| 捲 | 捲 | | | |
|---|---|---|---|---|
| 거둘 권 | 一 十 扌 扌 扩 拦 抭 拎 捲 | | | |
| 土 | 土 | | | |
| 흙 토 | 一 十 土 | | | |
| 重 | 重 | | | |
| 무거울 중 | ノ 一 亠 亖 亘 重 重 | | | |
| 來 | 來 | | | |
| 올 래 | 一 厂 厂 冂 夾 來 來 | | | |

# 近墨者黑

## 근묵자흑

먹을 가까이하면 검어진다는 뜻으로, 나쁜 사람을 가까이하면 그 버릇에 물들기 쉽다는 뜻이에요.

### 실생활 적용 예시문

부모님은 어렸을 적부터 근묵자흑이라며 좋은 친구들과 사귀어야 한다고 말씀하셨다.

| | | | | | |
|---|---|---|---|---|---|
| 近 | 近 | | | | |
| 가까울 근 `´ ´ ´ ´ 斤 近 近` | | | | | |
| 墨 | 墨 | | | | |
| 먹 묵 `口 四 四 里 黒 黒 墨 墨` | | | | | |
| 者 | 者 | | | | |
| 놈 자 `十 土 耂 者 者 者` | | | | | |
| 黑 | 黑 | | | | |
| 검을 흑 `口 四 四 里 里 黒 黒` | | | | | |

# 金科玉條

## 금과옥조

금이나 옥처럼 귀중히 여겨 꼭 지켜야 할 법칙이나 규정을 말해요.

### 실생활 적용 예시문

나는 모든 일에 최선을 다하라는 아버님의 말을 금과옥조로 삼고 있다.

| | | | | | |
|---|---|---|---|---|---|
| 金 | 金 | | | | |
| 쇠 금 `ノ 人 亼 全 全 全 金 金` | | | | | |
| 科 | 科 | | | | |
| 과목 과 `二 千 千 禾 禾 科 科` | | | | | |
| 玉 | 玉 | | | | |
| 구슬 옥 `一 二 千 王 玉` | | | | | |
| 條 | 條 | | | | |
| 가지 조 `ノ 亻 亻 亻 攸 攸 修 倏 條` | | | | | |

# 錦上添花

## 금상첨화

비단 위에 꽃을 더한다는 뜻으로, 좋은 일에 또 좋은 일이 더하여짐을 이르는 말이에요.

### 실생활 적용 예시문

성격도 좋고 얼굴까지 잘생겼다니 금상첨화야.

| | | | | | |
|---|---|---|---|---|---|
| 錦 | 錦 | | | | |
| 비단 금 `ト ᵗ 幺 余 金 金' 釣 鉑 錦 錦` | | | | | |
| 上 | 上 | | | | |
| 윗 상 `丨 卜 上` | | | | | |
| 添 | 添 | | | | |
| 더할 첨 `丶 冫 冫 沃 添 添 添` | | | | | |
| 花 | 花 | | | | |
| 꽃 화 `一 十 艹 艹 花 花 花` | | | | | |

# 金石盟約

## 금석맹약

쇠나 돌처럼 굳고 변함없는 약속을 말해요.

### 실생활 적용 예시문

민우가 한 약속이 바로 금석맹약이었구나.

| 金 | 金 | | | | | |
|---|---|---|---|---|---|---|
| 쇠 금 | ノ 人 스 수 수 余 金 金 | | | | | |
| 石 | 石 | | | | | |
| 돌 석 | 一 ㄱ 프 石 石 | | | | | |
| 盟 | 盟 | | | | | |
| 맹세 맹 | 丨 冂 日 日 刖 明 明 明 盟 盟 | | | | | |
| 約 | 約 | | | | | |
| 맺을 약 | ㄥ ㄠ ㅤ 糸 糸 糸 約 約 | | | | | |

---

# 錦衣夜行

## 금의야행

비단옷을 입고 밤길을 다닌다는 뜻으로, 아무 보람이 없는 일을 함을 이르는 말이에요.

### 실생활 적용 예시문

내가 어제 한 일이 금의야행 같구나.

| 錦 | 錦 | | | | | |
|---|---|---|---|---|---|---|
| 비단 금 | ノ ㄥ 수 쇠 金 釒 釣 鈤 鉻 錦 | | | | | |
| 衣 | 衣 | | | | | |
| 옷 의 | 丶 一 ㄣ 尹 衣 衣 | | | | | |
| 夜 | 夜 | | | | | |
| 밤 야 | 一 ㅗ 广 犷 沪 夜 夜 夜 | | | | | |
| 行 | 行 | | | | | |
| 다닐 행 | ノ ㄱ 彳 彳 行 行 | | | | | |

---

# 錦衣還鄕

## 금의환향

비단옷 입고 고향에 돌아온다는 뜻으로, 출세하여 고향에 돌아옴을 이르는 말.

### 실생활 적용 예시문

부모는 자녀의 금의환향을 꿈꾼다.

| 錦 | 錦 | | | | | |
|---|---|---|---|---|---|---|
| 비단 금 | ノ ㄥ 수 쇠 金 釒 釣 鈤 鉻 錦 | | | | | |
| 衣 | 衣 | | | | | |
| 옷 의 | 丶 一 ㄣ 尹 衣 衣 | | | | | |
| 還 | 還 | | | | | |
| 돌아올 환 | ㄲ 罒 罒 睘 睘 睘 還 還 | | | | | |
| 鄕 | 鄕 | | | | | |
| 시골 향 | ㄥ ㄠ ㅳ 乡' 纩 奵 嫋 郷 郷 鄕 | | | | | |

# 金枝玉葉

## 금지옥엽

금으로 된 가지와 옥으로 된 잎이란 뜻으로 아주 귀한 자손을 이르는 말이에요.

### 실생활 적용 예시문

자손이 귀한 집안이라 외아들을 금지옥엽으로 키웠다.

| 金 | 金 | | | | |
|---|---|---|---|---|---|
| 쇠 금 | ノ 人 亼 亼 仐 仐 金 金 | | | | |
| 枝 | 枝 | | | | |
| 가지 지 | 十 才 才 木 杧 杖 枝 | | | | |
| 玉 | 玉 | | | | |
| 구슬 옥 | 一 二 干 王 玉 | | | | |
| 葉 | 葉 | | | | |
| 잎 엽 | 一 艹 艹 艹 芊 芊 苹 華 葉 | | | | |

---

# 難兄難弟

## 난형난제

누구를 형이라 아우라 하기 어렵다는 뜻으로, 누가 더 낫다고 할 수 없을 정도로 비슷함을 뜻해요.

### 실생활 적용 예시문

결승전에서 만난 두 선수는 난형난제라 결과를 점치기 어렵다.

| 難 | 難 | | | | |
|---|---|---|---|---|---|
| 어려울 난 | 一 艹 艹 芦 芦 菓 菓 暵 暵 暵 難 難 | | | | |
| 兄 | 兄 | | | | |
| 형 형 | 丶 口 口 尸 兄 | | | | |
| 難 | 難 | | | | |
| 어려울 난 | 一 艹 艹 芦 芦 菓 菓 暵 暵 暵 難 難 | | | | |
| 弟 | 弟 | | | | |
| 아우 제 | 丶 丷 当 兯 弟 弟 | | | | |

---

# 南柯一夢

## 남가일몽

남쪽으로 뻗은 나뭇가지 아래의 꿈이라는 뜻으로, 덧없는 꿈이나 부귀영화를 이르는 말이에요.

### 실생활 적용 예시문

왕이 되어 나라를 다스리는 게 남가일몽이었어.

| 南 | 南 | | | | |
|---|---|---|---|---|---|
| 남녘 남 | 一 十 广 内 内 南 南 南 | | | | |
| 柯 | 柯 | | | | |
| 가지 가 | 一 十 才 木 木 杧 柯 柯 柯 | | | | |
| 一 | 一 | | | | |
| 한 일 | 一 | | | | |
| 夢 | 夢 | | | | |
| 꿈 몽 | 一 艹 艹 苧 苹 莆 萝 夢 夢 夢 | | | | |

# 男負女戴

## 남부여대

남자는 지고 여자는 인다는 뜻으로, 가난한 사람들이 살 곳을 찾아 이리저리 떠돌아다님을 비유적으로 이르는 말이에요.

**실생활 적용 예시문**

남부여대의 피난민 행렬은 이비규환이었어.

| 男 | 男 | | | | | |
|---|---|---|---|---|---|---|
| 사내 남 | 丶 冂 冂 冃 田 罗 男 | | | | | |
| 負 | 負 | | | | | |
| 질 부 | ⺈ 宀 勹 伃 伊 負 負 | | | | | |
| 女 | 女 | | | | | |
| 여자 여 | 乀 夂 女 | | | | | |
| 戴 | 戴 | | | | | |
| 일 대 | 一 十 士 去 吉 壴 責 責 戴 戴 戴 | | | | | |

# 囊中之錐

## 낭중지추

주머니 속의 송곳이라는 뜻으로, 재능이 뛰어난 사람은 숨어 있어도 저절로 사람들에게 알려짐을 이르는 말이에요.

**실생활 적용 예시문**

낭중지추가 한꺼번에 떠오른다.

| 囊 | 囊 | | | | | |
|---|---|---|---|---|---|---|
| 주머니 낭 | 一 宀 宀 壴 串 患 曲 曺 薵 薹 囊 囊 囊 | | | | | |
| 中 | 中 | | | | | |
| 가운데 중 | 丶 冂 口 中 | | | | | |
| 之 | 之 | | | | | |
| 갈 지 | 丶 ㇀ 之 | | | | | |
| 錐 | 錐 | | | | | |
| 송곳 추 | 丿 𠂉 𠂆 牟 牟 金 釒 釕 鈩 錐 錐 | | | | | |

# 囊中取物

## 낭중취물

주머니 속에서 물건을 꺼내듯이 아주 손쉽게 얻을 수 있음을 이르는 말이에요.

**실생활 적용 예시문**

그 일은 내가 처리하기에 낭중취물이야.

| 囊 | 囊 | | | | | |
|---|---|---|---|---|---|---|
| 주머니 낭 | 一 宀 宀 壴 串 患 曲 曺 薵 薹 囊 囊 囊 | | | | | |
| 中 | 中 | | | | | |
| 가운데 중 | 丶 冂 口 中 | | | | | |
| 取 | 取 | | | | | |
| 가질 취 | 一 丁 下 F 耳 取 取 | | | | | |
| 物 | 物 | | | | | |
| 물건 물 | 丿 𠂉 牜 牜 物 物 物 物 | | | | | |

## 綠衣紅裳

### 녹의홍상

연두저고리와 다홍치마, 곱게 차려입은 젊은 여자의 옷차림을 이르는 말이에요.

**실생활 적용 예시문**

신부가 녹의홍상으로 단장을 했구나.

| 綠 | 綠 | | | | | |
|---|---|---|---|---|---|---|
| 푸를 녹 | `‘ 幺 糸 糸 糸 紂 紵 紵 綠 綠` | | | | | |
| 衣 | 衣 | | | | | |
| 옷 의 | `‘ ㅗ ㅗ ㅗ 衣 衣` | | | | | |
| 紅 | 紅 | | | | | |
| 붉을 홍 | `‘ 幺 糸 糸 糸 紅 紅` | | | | | |
| 裳 | 裳 | | | | | |
| 치마 상 | `‘ ㅛ ㅛ ㅛ 告 告 堂 堂 堂 堂 裳 裳` | | | | | |

## 弄瓦之慶

### 농와지경

딸을 낳은 즐거움. 중국에서 딸을 낳으면 흙으로 만든 실패를 장난감으로 주었던 데서 유래해요.

**실생활 적용 예시문**

할아버지는 농와지경의 기쁨을 웃음으로 표현했어요.

| 弄 | 弄 | | | | | |
|---|---|---|---|---|---|---|
| 희롱할 농 | `一 二 干 王 王 弄 弄` | | | | | |
| 瓦 | 瓦 | | | | | |
| 기와 와 | `一 丁 千 瓦` | | | | | |
| 之 | 之 | | | | | |
| 갈 지 | `丶 亠 之` | | | | | |
| 慶 | 慶 | | | | | |
| 경사 경 | `丶 广 广 广 声 声 声 康 庚 庹 慶` | | | | | |

## 弄璋之慶

### 농장지경

아들을 낳은 즐거움. 중국에서 아들을 낳으면 구슬의 덕을 본받으라는 뜻으로 구슬을 장난감으로 주었다는 데서 유래해요.

**실생활 적용 예시문**

할아버지는 농장지경의 기쁨을 웃음으로 표현했어요.

| 弄 | 弄 | | | | | |
|---|---|---|---|---|---|---|
| 희롱할 농 | `一 二 干 王 王 弄 弄` | | | | | |
| 璋 | 璋 | | | | | |
| 홀 장 | `一 二 千 王 王 玙 玲 琦 琦 璋 璋 璋` | | | | | |
| 之 | 之 | | | | | |
| 갈 지 | `丶 亠 之` | | | | | |
| 慶 | 慶 | | | | | |
| 경사 경 | `丶 广 广 广 声 声 声 康 庚 庹 慶` | | | | | |

## 簞食瓢飲

### 단사표음

대나무로 만든 밥그릇에 담은 밥과 표주박에 든 물이라는 뜻으로, 청빈하고 소박한 생활을 이르는 말이에요.

**실생활 적용 예시문**

나는 화려한 집보다는 단사표음이 더 마음 편하오.

| | | | | | | |
|---|---|---|---|---|---|---|
| 簞 | 簞 | | | | | |
| 소쿠리 단 | ノ ノ ノ 竹 竹 笪 笪 箮 箮 簞 簞 | | | | | |
| 食 | 食 | | | | | |
| 먹이 사, 밥 식 | 人 人 今 今 今 食 食 | | | | | |
| 瓢 | 瓢 | | | | | |
| 바가지 표 | 一 一 一 両 両 覀 要 票 票 瓢 瓢 瓢 | | | | | |
| 飲 | 飲 | | | | | |
| 마실 음 | ノ ノ ノ ケ 今 今 食 食 飮 飮 | | | | | |

## 丹脣皓齒

### 단순호치

붉은 입술과 하얀 치아라는 뜻으로, 아름다운 여자를 이르는 말이에요.

**실생활 적용 예시문**

단순호치는 빼어난 미인을 말해요.

| | | | | | | |
|---|---|---|---|---|---|---|
| 丹 | 丹 | | | | | |
| 붉을 단 | ノ 几 几 丹 | | | | | |
| 脣 | 脣 | | | | | |
| 입술 순 | 一 厂 戶 戶 辰 辰 脣 脣 脣 | | | | | |
| 皓 | 皓 | | | | | |
| 흴 호 | ノ 台 白 白 白' 皓 皓 皓 | | | | | |
| 齒 | 齒 | | | | | |
| 이 치 | 丨 ト 止 止 齿 齒 齒 齒 | | | | | |

## 達八十

### 달팔십

부귀와 관록이 따르는 영달의 삶을 이르는 말이에요.

**실생활 적용 예시문**

달팔십은 강태공이 정승이 된 후 80년을 호화롭게 살았다는 데서 유래하는 말이래.

| | | | | | | |
|---|---|---|---|---|---|---|
| 達 | 達 | | | | | |
| 통달할 달 | 一 十 土 去 幸 幸 幸 達 | | | | | |
| 八 | 八 | | | | | |
| 여덟 팔 | ノ 八 | | | | | |
| 十 | 十 | | | | | |
| 열 십 | 一 十 | | | | | |
| 達 | 八 | 十 | | | | |

# 堂狗風月
## 당구풍월

서당에서 기르는 개가 풍월을 읊는다는 뜻으로, 그 분야에 대하여 경험과 지식이 전혀 없는 사람이라도 오래 있으면 얼마간의 경험과 지식을 가짐을 이르는 말이에요.

**실생활 적용 예시문**

당구풍월이라는 데 우리도 힘을 내자.

| 堂 | 堂 | | | | |
|---|---|---|---|---|---|
| 집 당 | `` ᶜ ᵘ ᵘᵘ 尚 尚 堂 堂 `` | | | | |
| 狗 | 狗 | | | | |
| 개 구 | `` ノ イ ʒ ʒ 犭 犳 狗 狗 `` | | | | |
| 風 | 風 | | | | |
| 바람 풍 | `` ノ 几 凡 凧 凮 風 風 `` | | | | |
| 月 | 月 | | | | |
| 달 월 | `` ノ 刀 月 月 `` | | | | |

# 大器晚成
## 대기만성

큰 그릇을 만드는 데는 시간이 오래 걸린다는 뜻으로, 크게 될 사람은 늦게 이루어짐을 이르는 말이에요.

**실생활 적용 예시문**

고생 끝에 낙이 온다고 넌 분명 대기만성할 거야.

| 大 | 大 | | | | |
|---|---|---|---|---|---|
| 큰, 클 대 | `` 一 ナ 大 `` | | | | |
| 器 | 器 | | | | |
| 그릇 기 | `` 丶 ロ ㅁㅁ 吅 哭 哭 器 `` | | | | |
| 晚 | 晚 | | | | |
| 늦을 만 | `` l 冂 日 日' 日ㄅ 昫 晚 晚 晚 `` | | | | |
| 成 | 成 | | | | |
| 이룰 성 | `` ノ 厂 厈 成 成 成 `` | | | | |

# 大書特筆
## 대서특필

특별히 두드러지게 보이도록 글자를 크게 쓴다는 뜻으로, 신문 따위의 출판물에서 어떤 기사에 큰 비중을 두어 다룸을 이르는 말이에요.

**실생활 적용 예시문**

갱도에서 열흘 만에 구조된 광부의 이야기가 각 신문에 대서특필되었다.

| 大 | 大 | | | | |
|---|---|---|---|---|---|
| 큰, 클 대 | `` 一 ナ 大 `` | | | | |
| 書 | 書 | | | | |
| 글 서 | `` ㄱ ㅋ ㅋ ㅋ 聿 書 書 書 `` | | | | |
| 特 | 特 | | | | |
| 특별할 특 | `` ノ 亠 牛 牛 牜 特 特 特 特 `` | | | | |
| 筆 | 筆 | | | | |
| 붓 필 | `` ノ ⺈ ⺀ 竺 竺 等 等 筆 筆 `` | | | | |

# 塗炭之苦

## 도탄지고

진구렁에 빠지고 숯불에 타는 괴로움을 이르는 말이에요.

### 실생활 적용 예시문

지금의 심정이 꼭 도탄지고 같구나.

| 塗 | 塗 | | | | |
|---|---|---|---|---|---|
| 칠할 도 | 氵沪沪涂涂涂涂塗 | | | | |
| 炭 | 炭 | | | | |
| 숯 탄 | 屵屵屵岸岸炭炭 | | | | |
| 之 | 之 | | | | |
| 갈 지 | 丶ㄅ之 | | | | |
| 苦 | 苦 | | | | |
| 쓸 고 | 一ㅗ+艹艹苎苦苦苦 | | | | |

# 東家食西家宿

## 동가식서가숙

동쪽 집에서 밥 먹고 서쪽 집에서 잠잔다는 뜻으로, 일정한 거처가 없이 떠돌아다니며 지냄을 이르는 말이에요.

### 실생활 적용 예시문

그는 동가식서가숙의 떠돌이 생활을 하면서 고학을 했다.

| 東 | 東 | | | | |
|---|---|---|---|---|---|
| 동녘 동 | 一ㄷ万斤百巿東 | | | | |
| 家 | 家 | | | | |
| 집 가 | 丶宀宀宀字家家 | | | | |
| 食 | 食 | | 西 | 西 | |
| 밥 식 | 人ㅅ今今今食食食 | | 서녘 서 | 一ㄷ万丙两西西 |
| 家 | 家 | | 宿 | 宿 | |
| 집 가 | 宀宀宁宁字家家 | | 잘 숙 | 宀宀宀宿宿宿宿 |

# 棟梁之材

## 동량지재

한 나라나 집안을 떠받들어 이끌어 갈 젊은이를 비유적으로 이르는 말이에요.

### 실생활 적용 예시문

어린이들이 동량지재가 되도록 부모나 사회가 적극적인 관심을 가져야 한다.

| 棟 | 棟 | | | | |
|---|---|---|---|---|---|
| 마룻대 동 | 一十木术柯柯柯柿棟 | | | | |
| 梁 | 梁 | | | | |
| 들보 량 | 氵汀河汎汎汱涊梁梁 | | | | |
| 之 | 之 | | | | |
| 갈 지 | 丶ㄅ之 | | | | |
| 材 | 材 | | | | |
| 재목 재 | 一十才木术村材 | | | | |

## 東問西答

### 동문서답

동쪽을 묻는 데 서쪽을 대답한다는 뜻으로, 물음과는 전혀 상관없는 엉뚱한 대답을 말해요.

**실생활 적용 예시문**

동문서답도 유분수지, 너 지금 도대체 무슨 말을 하는 거니?

| 東 | 東 | | | | |
|---|---|---|---|---|---|
| 동녘 **동** | 一 丁 丌 丏 百 申 東 | | | | |
| 問 | 問 | | | | |
| 물을 **문** | 丨 丌 丌 門 門 問 問 | | | | |
| 西 | 西 | | | | |
| 서녘 **서** | 一 丌 丌 西 西 西 | | | | |
| 答 | 答 | | | | |
| 대답 **답** | 竹 竹 竹 笁 笁 答 答 | | | | |

## 同病相憐

### 동병상련

같은 병을 앓는 사람끼리 서로 가엾게 여긴다는 뜻으로, 어려운 처지에 있는 사람끼리 서로 동정하고 도움을 이르는 말이에요.

**실생활 적용 예시문**

나는 그 아이에게서 동병상련을 느꼈다.

| 同 | 同 | | | | |
|---|---|---|---|---|---|
| 한가지 **동** | 丨 冂 冂 同 同 | | | | |
| 病 | 病 | | | | |
| 병 **병** | 亠 广 疒 疒 病 病 病 | | | | |
| 相 | 相 | | | | |
| 서로 **상** | 一 十 才 木 朾 相 相 相 相 | | | | |
| 憐 | 憐 | | | | |
| 불쌍히 여길 **련**, 이웃 **린** | 忄 忄 忄 怜 恌 憐 憐 憐 憐 憐 | | | | |

## 東奔西走

### 동분서주

동쪽으로 뛰고 서쪽으로 뛴다는 뜻으로, 사방으로 이리저리 바삐 돌아다님을 말해요.

**실생활 적용 예시문**

실험 결과를 얻기 위해 동분서주하고 있다.

| 東 | 東 | | | | |
|---|---|---|---|---|---|
| 동녘 **동** | 一 丁 丌 丏 百 申 東 | | | | |
| 奔 | 奔 | | | | |
| 달릴 **분** | 一 ナ 大 杰 本 卉 奔 奔 | | | | |
| 西 | 西 | | | | |
| 서녘 **서** | 一 丌 丌 西 西 西 | | | | |
| 走 | 走 | | | | |
| 달릴 **주** | 十 土 キ キ 走 走 | | | | |

# 同床異夢

## 동상이몽

같은 자리에 자면서 다른 꿈을 꾼다는 뜻으로, 겉으로는 같이 행동하면서 속으로는 각각 딴생각을 하고 있음을 이르는 말이에요.

### 실생활 적용 예시문

저들은 각자 꿍꿍이속들이 있어 서로 동상이몽을 하고 있다.

| 同 | 同 | | | | |
|---|---|---|---|---|---|
| 한가지 동 | ㅣ 冂 冂 同 同 | | | | |
| 床 | 床 | | | | |
| 평상 상 | ` 一 广 广 广 床 床 | | | | |
| 異 | 異 | | | | |
| 다를 이 | ` 口 田 巴 畀 畢 異 | | | | |
| 夢 | 夢 | | | | |
| 꿈 몽 | ` 十 ++ 芢 芛 莳 萝 夢 夢 夢 | | | | |

---

# 得隴望蜀

## 득롱망촉

만족할 줄을 모르고 계속 욕심을 부린다는 의미예요.

### 실생활 적용 예시문

너는 득롱망촉이 지나쳐 화를 부를 거야.

| 得 | 得 | | | | |
|---|---|---|---|---|---|
| 얻을 득 | ノ ノ イ 彳 彳 得 得 得 | | | | |
| 隴 | 隴 | | | | |
| 고개 이름 롱 | ㄱ 阝 阝' 阝' 阝'' 隋 隋 階 階 隴 隴 | | | | |
| 望 | 望 | | | | |
| 바랄 망 | ` 亠 亠 亡 竹 竹 朢 望 望 望 | | | | |
| 蜀 | 蜀 | | | | |
| 나라 이름 촉 | ` 口 皿 罒 罒 罒 蜀 蜀 蜀 蜀 | | | | |

---

# 登高自卑

## 등고자비

높은 곳에 오르려면 낮은 곳에서부터 오른다는 뜻으로, 일을 순서대로 하여야 함을 이르는 말이에요.

### 실생활 적용 예시문

넌 등고자비라는 말도 듣지 못했니?

| 登 | 登 | | | | |
|---|---|---|---|---|---|
| 오를 등 | ㄱ ㄱ ㄴ ㄴ 欢 癶 癶 登 登 登 | | | | |
| 高 | 高 | | | | |
| 높을 고 | ` 亠 亠 高 高 高 高 | | | | |
| 自 | 自 | | | | |
| 스스로 자 | ' 亻 自 自 自 自 | | | | |
| 卑 | 卑 | | | | |
| 낮을 비 | ' 亻 白 白 白 白 卑 卑 | | | | |

# 登龍門

## 등용문

용문(龍門)에 오른다는 뜻으로, 어려운 관문을 통과하여 크게 출세하게 됨. 또는 그 관문을 이르는 말이에요.

**실생활 적용 예시문**

신춘문예 공모는 젊은 소설가들의 등용문이다.

| 登 | 登 | | | | | |
|---|---|---|---|---|---|---|
| 오를 **등** | ⁿ ⁿ ⁿ ⁿ ⁿ ⁿ ⁿ 登 | | | | | |
| 龍 | 龍 | | | | | |
| 용 **용** | ⁿ ⁿ ⁿ ⁿ ⁿ ⁿ 龍 龍 | | | | | |
| 門 | 門 | | | | | |
| 문 **문** | ⁿ ⁿ ⁿ ⁿ 門門 | | | | | |
| 登 | 龍 | 門 | | | | |

# 燈下不明

## 등하불명

등잔 밑이 어둡다는 뜻으로, 가까이에 있는 물건이나 사람을 잘 찾지 못함을 이르는 말이에요.

**실생활 적용 예시문**

등하불명이라더니 내게 닥친 일이 바로 그 꼴이구나.

| 燈 | 燈 | | | | | |
|---|---|---|---|---|---|---|
| 등 **등** | ⁿ ⁿ ⁿ ⁿ ⁿ ⁿ ⁿ 燈 燈 燈 燈 | | | | | |
| 下 | 下 | | | | | |
| 아래 **하** | ⁿ ⁿ 下 | | | | | |
| 不 | 不 | | | | | |
| 아닐 **불** | ⁿ ⁿ ⁿ 不 | | | | | |
| 明 | 明 | | | | | |
| 밝을 **명** | ⁿ ⁿ ⁿ ⁿ 明 明 明 | | | | | |

# 燈火可親

## 등화가친

등불을 가까이할 만하다는 뜻으로, 서늘한 가을밤은 등불을 가까이하여 글 읽기에 좋다는 뜻이에요.

**실생활 적용 예시문**

가을은 등화가친의 계절이다.

| 燈 | 燈 | | | | | |
|---|---|---|---|---|---|---|
| 등 **등** | ⁿ ⁿ ⁿ ⁿ ⁿ ⁿ ⁿ 燈 燈 燈 燈 | | | | | |
| 火 | 火 | | | | | |
| 불 **화** | ⁿ ⁿ ⁿ 火 | | | | | |
| 可 | 可 | | | | | |
| 옳을 **가** | ⁿ ⁿ ⁿ ⁿ 可 | | | | | |
| 親 | 親 | | | | | |
| 친할 **친** | ⁿ ⁿ ⁿ ⁿ ⁿ ⁿ ⁿ 親 親 親 | | | | | |

## 馬耳東風

### 마이동풍

동풍이 말의 귀를 스쳐 간다는 뜻으로, 남의 말을 귀담아듣지 아니하고 지나쳐 흘려버림을 이르는 말이에요.

**실생활 적용 예시문**

그에게는 나의 충고가 마이동풍이었다.

| 馬 | 馬 | | | | |
|---|---|---|---|---|---|
| 말 **마** | 丨丆丆耳馬馬 | | | | |
| 耳 | 耳 | | | | |
| 귀 **이** | 一丆丆丆王耳 | | | | |
| 東 | 東 | | | | |
| 동녘 **동** | 一丆丙丙申東東 | | | | |
| 風 | 風 | | | | |
| 바람 **풍** | 丿几几凤凮風風 | | | | |

## 莫上莫下

### 막상막하

더 낫고 더 못함의 차이가 거의 없음을 말해요.

**실생활 적용 예시문**

너희들은 막상막하의 실력이야.

| 莫 | 莫 | | | | |
|---|---|---|---|---|---|
| 없을 **막** | 一十十艹艹节苔苗苔莫莫 | | | | |
| 上 | 上 | | | | |
| 윗 **상** | 丨上上 | | | | |
| 莫 | 莫 | | | | |
| 없을 **막** | 一十十艹艹节苔苗苔莫莫 | | | | |
| 下 | 下 | | | | |
| 아래 **하** | 一丁下 | | | | |

## 莫逆之友

### 막역지우

서로 거스름이 없는 친구라는 뜻으로, 허물이 없이 아주 친한 친구를 이르는 말이에요.

**실생활 적용 예시문**

명수와는 싸움도 많이 하였지만 뜻이 맞는 유일한 막역지우였다.

| 莫 | 莫 | | | | |
|---|---|---|---|---|---|
| 없을 **막** | 一十十艹艹节苔苗苔莫莫 | | | | |
| 逆 | 逆 | | | | |
| 거스릴 **역** | 丶丷丷屰屰逆逆 | | | | |
| 之 | 之 | | | | |
| 갈 **지** | 丶亠之 | | | | |
| 友 | 友 | | | | |
| 벗 **우** | 一ナ方友 | | | | |

# 萬頃蒼波

## 만경창파

만 이랑의 푸른 물결이라는 뜻으로, 한없이 넓고 넓은 바다를 이르는 말이에요.

**실생활 적용 예시문**

만경창파에 두둥실 뜬 배가 아름답구나.

| 萬 | 萬 | | | | |
|---|---|---|---|---|---|
| 일만 **만** | 一 十 艹 节 苩 莒 萬 萬 萬 | | | | |
| 頃 | 頃 | | | | |
| 이랑, 잠깐 **경** | 一 ヒ ビ ビ 顷 頃 頃 | | | | |
| 蒼 | 蒼 | | | | |
| 푸를 **창** | 一 十 艹 艾 艾 苍 苓 蒼 蒼 | | | | |
| 波 | 波 | | | | |
| 물결 **파** | 丶 氵 氵 氵 沪 波 波 | | | | |

# 萬古風霜

## 만고풍상

아주 오랜 세월 동안 겪어 온 많은 고생을 뜻해요.

**실생활 적용 예시문**

철호는 갖은 만고풍상을 겪었다.

| 萬 | 萬 | | | | |
|---|---|---|---|---|---|
| 일만 **만** | 一 十 艹 节 苩 莒 萬 萬 萬 | | | | |
| 古 | 古 | | | | |
| 옛 **고** | 一 十 十 古 古 | | | | |
| 風 | 風 | | | | |
| 바람 **풍** | 丿 几 凡 凮 風 風 風 | | | | |
| 霜 | 霜 | | | | |
| 서리 **상** | 一 广 宀 币 雨 雫 雫 霜 霜 霜 | | | | |

# 麥秀之嘆

## 맥수지탄

고국의 멸망을 한탄함을 이르는 말이에요.

**실생활 적용 예시문**

일본이 우리나라를 빼앗다니 맥수지탄이구나.

| 麥 | 麥 | | | | |
|---|---|---|---|---|---|
| 보리 **맥** | 一 一 夾 夾 夾 麥 麥 | | | | |
| 秀 | 秀 | | | | |
| 빼어날 **수** | 一 二 千 禾 禾 秀 | | | | |
| 之 | 之 | | | | |
| 갈 **지** | 丶 ㇀ 之 | | | | |
| 嘆 | 嘆 | | | | |
| 탄식할 **탄** | 丨 口 口 叶 呭 唑 嘩 嘆 嘆 | | | | |

# 明鏡止水

## 명경지수

맑은 거울과 고요한 물처럼 잡념과 허욕이 없는 깨끗한 마음을 비유적으로 이르는 말이에요.

### 실생활 적용 예시문

해 질 녘의 바람 한 점 없는 호수는 명경지수처럼 잔잔했다.

| 明 | 明 | | | | | |
|---|---|---|---|---|---|---|
| 밝을 명 | ㅣ ㄇ ㅌ ㅌ 旴 明 明 明 | | | | | |
| 鏡 | 鏡 | | | | | |
| 거울 경 | ᠘ ᠘ ᠘ 金 金 金 鈞 鈞 鏡 鏡 鏡 | | | | | |
| 止 | 止 | | | | | |
| 그칠 지 | ㅣ ㅏ ㅑ 止 | | | | | |
| 水 | 水 | | | | | |
| 물 수 | ㅣ ㅋ 水 水 | | | | | |

# 名實相符

## 명실상부

이름과 실상이 서로 들어맞음. 알려진 것과 실제의 상황이나 능력에 차이가 없음을 말해요.

### 실생활 적용 예시문

공천 심사 위원회가 명실상부한 공천권을 행사하여 찬사를 받았다.

| 名 | 名 | | | | | |
|---|---|---|---|---|---|---|
| 이름 명 | ノ ク タ タ 名 名 | | | | | |
| 實 | 實 | | | | | |
| 열매 실 | ᠘ ᠘ ᠘ ᠘ ᠘ 實 實 實 實 實 | | | | | |
| 相 | 相 | | | | | |
| 서로 상 | 一 十 才 木 利 相 相 相 相 | | | | | |
| 符 | 符 | | | | | |
| 부호 부 | ノ ᠘ ᠘ ᠘ 竹 竹 竹 符 符 | | | | | |

# 明若觀火

## 명약관화

불을 보는 것 같이 밝게 보인다는 뜻으로, 더 말할 나위 없이 명백함을 말해요.

### 실생활 적용 예시문

너는 돌아가면 잡힐 것이 명약관화한데도 가겠다고 하는 거니?

| 明 | 明 | | | | | |
|---|---|---|---|---|---|---|
| 밝을 명 | ㅣ ㄇ ㅌ ㅌ 旴 明 明 明 | | | | | |
| 若 | 若 | | | | | |
| 같을 약 | 一 十 艹 艹 芒 艿 若 若 若 | | | | | |
| 觀 | 觀 | | | | | |
| 볼 관 | 一 艹 艹 芦 茜 萑 萑 藋 鸛 觀 觀 | | | | | |
| 火 | 火 | | | | | |
| 불 화 | 丶 丷 少 火 | | | | | |

## 命在頃刻

### 명재경각

거의 죽게 되어 곧 숨이 끊어질 지경에 이름을 말해요.

**실생활 적용 예시문**

어떤 사람이 독전을 맞고 명재경각에 이르렀어.

| | | | | | |
|---|---|---|---|---|---|
| 命 | 命 | | | | |
| 목숨 **명** | ノ 人 亼 合 命 命 | | | | |
| 在 | 在 | | | | |
| 있을 **재** | 一 ナ 才 右 存 在 | | | | |
| 頃 | 頃 | | | | |
| 이랑, 잠깐 **경** | 一 匕 匕 匂 圻 頃 頃 | | | | |
| 刻 | 刻 | | | | |
| 새길 **각** | 一 亠 亥 亥 亥 亥 刻 | | | | |

## 矛盾撞着

### 모순당착

같은 사람의 말이나 행동이 앞뒤가 서로 맞지 아니하고 모순됨을 말해요.

**실생활 적용 예시문**

모순당착에 빠진 사람은 믿을 수 없어.

| | | | | | | | | | |
|---|---|---|---|---|---|---|---|---|---|
| 矛 | 矛 | | | | | | | | |
| 창 **모** | フ マ 고 予 矛 | | | | | | | | |
| 盾 | 盾 | | | | | | | | |
| 방패 **순** | 一 厂 厂 戸 盾 盾 盾 | | | | | | | | |
| 撞 | 撞 | | | | | | | | |
| 칠 **당** | 一 十 扌 扩 护 护 搢 撞 撞 撞 | | | | | | | | |
| 着 | 着 | | | | | | | | |
| 붙을 **착** | ᐧ ᐟ 羊 羊 荠 着 着 | | | | | | | | |

## 目不識丁

### 목불식정

아주 간단한 글자인 '丁' 자를 보고도 그것이 '고무래'인 줄을 알지 못한다는 뜻으로, 아주 까막눈임을 이르는 말이에요.

**실생활 적용 예시문**

우리는 목불식정을 면하였을 따름입니다.

| | | | | | | | | | | |
|---|---|---|---|---|---|---|---|---|---|---|
| 目 | 目 | | | | | | | | | |
| 눈 **목** | 丨 冂 冃 月 目 | | | | | | | | | |
| 不 | 不 | | | | | | | | | |
| 아닐 **불** | 一 フ 才 不 | | | | | | | | | |
| 識 | 識 | | | | | | | | | |
| 알 **식** | 亠 亠 言 言 言 訖 訖 訐 諳 識 識 識 | | | | | | | | | |
| 丁 | 丁 | | | | | | | | | |
| 고무래 **정** | 一 丁 | | | | | | | | | |

## 目不忍見

### 목불인견

눈앞에 벌어진 상황 따위를 눈 뜨고는
차마 볼 수 없음을 말해요.

#### 실생활 적용 예시문

대성통곡하는 모습은 참으로 목불인견이었다.

| 目 눈목 | 目 | | | | |
|---|---|---|---|---|---|
| | ｜ 冂 冃 目 目 | | | | |
| 不 아닐불 | 不 | | | | |
| | 一 ｧ ｧ 不 | | | | |
| 忍 참을인 | 忍 | | | | |
| | ｧ ｧ ｧ 忍 忍 忍 | | | | |
| 見 볼견 | 見 | | | | |
| | ｜ 冂 冃 目 目 貝 見 | | | | |

## 武陵桃源

### 무릉도원

도연명의 〈도화원기〉에 나오는 말로,
'이상향', '별천지'를 비유적으로 이르
는 말이에요.

#### 실생활 적용 예시문

인간 세상이 아니라 무릉도원에서 살고 싶네.

| 武 호반무 | 武 | | | | |
|---|---|---|---|---|---|
| | 一 二 千 千 千 正 武 武 | | | | |
| 陵 언덕릉 | 陵 | | | | |
| | ＇ ｧ 阝 阝 阾 阾 阼 陕 陵 陵 | | | | |
| 桃 복숭아도 | 桃 | | | | |
| | 一 十 木 朴 村 杉 机 桃 | | | | |
| 源 근원원 | 源 | | | | |
| | ＇ ｧ ｧ 沪 沥 沥 源 源 | | | | |

## 無依無托

### 무의무탁

몸을 의지하고 맡길 곳이 없음. 외로운
상태를 말해요.

#### 실생활 적용 예시문

나는 무의무탁 신세일세.

| 無 없을무 | 無 | | | | |
|---|---|---|---|---|---|
| | ｧ ｧ 無 無 無 無 | | | | |
| 依 의지할의 | 依 | | | | |
| | ＇ ｧ ｧ ｧ ｧ ｧ ｧ 依 | | | | |
| 無 없을무 | 無 | | | | |
| | ｧ ｧ 無 無 無 無 | | | | |
| 托 맡길탁 | 托 | | | | |
| | 一 十 扌 扌 扦 托 | | | | |

# 文房四友
## 문방사우

서재(書齋)에 꼭 있어야 할 네 벗, 즉 종이, 붓, 벼루, 먹을 말해요.

### 실생활 적용 예시문

옛 선비들은 늘 문방사우를 곁에 두고 생활했어.

| 文 | 文 | | | | |
|---|---|---|---|---|---|
| 글월 문 | `丶一ナ文` | | | | |
| 房 | 房 | | | | |
| 방 방 | `丶コア尸戸房房` | | | ・ | |
| 四 | 四 | | | | |
| 넉 사 | `丨冂贝四四` | | | | |
| 友 | 友 | | | | |
| 벗 우 | `一ナ方友` | | | | |

# 門前成市
## 문전성시

찾아오는 사람이 많아 집 문 앞이 시장을 이루다시피 함을 이르는 말이에요.

### 실생활 적용 예시문

새신랑을 구경 오는 사람들로 하루 종일 문전성시를 이루었다.

| 門 | 門 | | | | |
|---|---|---|---|---|---|
| 문 문 | `丨冂門門門門` | | | | |
| 前 | 前 | | | | |
| 앞 전 | `丶丷广介前前前前` | | | | |
| 成 | 成 | | | | |
| 이룰 성 | `丿厂厃成成成` | | | | |
| 市 | 市 | | | | |
| 저자 시 | `丶亠宀市市` | | | | |

# 門前沃畓
## 문전옥답

집 가까이에 있는 기름진 논을 말해요.

### 실생활 적용 예시문

황무지가 문전옥답으로 변했어.

| 門 | 門 | | | | |
|---|---|---|---|---|---|
| 문 문 | `丨冂門門門門` | | | | |
| 前 | 前 | | | | |
| 앞 전 | `丶丷广介前前前前` | | | | |
| 沃 | 沃 | | | | |
| 기름질 옥 | `丶氵氵汙沃沃` | | | | |
| 畓 | 畓 | | | | |
| 논 답 | `丿水水畓畓畓畓` | | | | |

## 拍掌大笑
### 박장대소

손뼉을 치며 크게 웃음을 뜻해요.

**실생활 적용 예시문**

사회자의 재치 있는 말에 방청석에서 박장대소가 터졌다.

| 拍 | 拍 | | | | |
|---|---|---|---|---|---|
| 칠 박 | 一 十 扌 扌 扩 拍 拍 拍 | | | | |
| 掌 | 掌 | | | | |
| 손바닥 장 | ⺌ ⺌ 尚 尚 堂 堂 掌 | | | | |
| 大 | 大 | | | | |
| 큰, 클 대 | 一 ナ 大 | | | | |
| 笑 | 笑 | | | | |
| 웃음 소 | ノ ト ト 竹 竺 竺 笑 笑 | | | | |

## 拔本塞源
### 발본색원

좋지 않은 일의 근본 원인이 되는 요소를 완전히 없애 버려서 다시는 그러한 일이 생길 수 없도록 함을 말해요.

**실생활 적용 예시문**

부정행위는 발본색원해야 합니다.

| 拔 | 拔 | | | | |
|---|---|---|---|---|---|
| 뽑을 발 | 一 十 扌 扌 扩 扐 拔 拔 | | | | |
| 本 | 本 | | | | |
| 근본 본 | 一 十 オ 木 本 | | | | |
| 塞 | 塞 | | | | |
| 막힐, 변방 색 | ` 宀 宀 宀 宭 寒 寒 塞 塞 | | | | |
| 源 | 源 | | | | |
| 근원 원 | ` ⺀ 氵 沪 沪 沪 源 源 | | | | |

## 傍若無人
### 방약무인

곁에 사람이 없는 것처럼 아무 거리낌 없이 함부로 말하고 행동하는 태도가 있음을 말해요.

**실생활 적용 예시문**

남이 싫어하는 줄도 모르고 방약무인으로 떠들어 댄다.

| 傍 | 傍 | | | | |
|---|---|---|---|---|---|
| 곁 방 | 亻 伫 伫 伫 傍 傍 傍 | | | | |
| 若 | 若 | | | | |
| 같을 약 | 一 十 サ 艹 艹 岁 若 若 | | | | |
| 無 | 無 | | | | |
| 없을 무 | ⺯ 二 無 無 無 無 | | | | |
| 人 | 人 | | | | |
| 사람 인 | ノ 人 | | | | |

## 背恩忘德

### 배은망덕

남에게 입은 은덕을 저버리고 배신하는 태도가 있음을 말해요.

**실생활 적용 예시문**

배은망덕도 유분수지. 네가 어찌 나한테 그런 짓을 할 수 있단 말이냐?

| 背 | 背 | | | | |
|---|---|---|---|---|---|
| 등, 배반할 **배** | ⺆ ⺈ ⺆ ⺆ 北 背 背 背 | | | | |
| 恩 | 恩 | | | | |
| 은혜 **은** | 冂 冂 冃 因 因 恩 恩 | | | | |
| 忘 | 忘 | | | | |
| 잊을 **망** | 丶 亠 亡 忘 忘 | | | | |
| 德 | 德 | | | | |
| 덕 **덕** | 彳 彳 彳 德 德 德 德 | | | | |

## 白骨難忘

### 백골난망

죽어서 백골이 되어도 잊을 수 없다는 뜻으로, 남에게 큰 은덕을 입었을 때 고마움의 뜻으로 이르는 말이에요.

**실생활 적용 예시문**

보살펴 주신 은혜가 백골난망입니다.

| 白 | 白 | | | | |
|---|---|---|---|---|---|
| 흰 **백** | 丿 亻 白 白 白 | | | | |
| 骨 | 骨 | | | | |
| 뼈 **골** | 丨 冂 冂 冎 咼 骨 骨 | | | | |
| 難 | 難 | | | | |
| 어려울 **난** | 一 艹 芦 苩 苩 萆 葟 勤 勤 難 難 難 | | | | |
| 忘 | 忘 | | | | |
| 잊을 **망** | 丶 亠 亡 忘 忘 | | | | |

## 百年河清

### 백년하청

아무리 오랜 시일이 지나도 어떤 일이 이루어지기 어려움을 이르는 말이에요.

**실생활 적용 예시문**

밤낮 부두에만 매달려 보았자 백년하청일 따름이야.

| 百 | 百 | | | | |
|---|---|---|---|---|---|
| 일백 **백** | 一 一 丆 丆 百 百 | | | | |
| 年 | 年 | | | | |
| 해 **년** | 丿 丿 一 兰 生 年 | | | | |
| 河 | 河 | | | | |
| 물 **하** | 丶 氵 氵 沪 沪 河 河 | | | | |
| 清 | 清 | | | | |
| 맑을 **청** | 丶 氵 氵 浐 淸 淸 淸 | | | | |

# 白面書生

## 백면서생

한갓 글만 읽고 세상일에는 전혀 경험이 없는 사람을 말해요.

### 실생활 적용 예시문

나는 글만 읽고 있는 백면서생일 따름이오.

| 白 | 白 | | | | |
|---|---|---|---|---|---|
| 흰 백 | ′ ′ ′白 白白 | | | | |
| 面 | 面 | | | | |
| 낯, 밀가루 면 | 一 一 一 一 两 而 面 面 面 | | | | |
| 書 | 書 | | | | |
| 글 서 | フ ㄱ ㄱ ㅋ 그 聿 聿 書 書 | | | | |
| 生 | 生 | | | | |
| 날 생 | ′ ′ 느 牛 生 | | | | |

---

# 百折不屈

## 백절불굴

어떠한 난관에도 결코 굽히지 않음을 말해요.

### 실생활 적용 예시문

백절불굴의 강인한 정신력이 필요해.

| 百 | 百 | | | | |
|---|---|---|---|---|---|
| 일백 백 | 一 一 一 万 百 百 | | | | |
| 折 | 折 | | | | |
| 꺾을 절 | 一 十 扌 扌 扩 折 折 | | | | |
| 不 | 不 | | | | |
| 아닐 불 | 一 ブ 才 不 | | | | |
| 屈 | 屈 | | | | |
| 굽힐 굴 | フ フ ㄹ 尸 尸 屈 屈 屈 | | | | |

---

# 伯仲之勢

## 백중지세

서로 우열을 가리기 힘든 형세를 말해요.

### 실생활 적용 예시문

두 여인의 아름다움은 실로 백중지세였다.

| 伯 | 伯 | | | | |
|---|---|---|---|---|---|
| 맏 백 | ′ ′ ′ 亻 伯 伯 伯 | | | | |
| 仲 | 仲 | | | | |
| 버금 중 | ′ ′ 亻 亻 仲 仲 | | | | |
| 之 | 之 | | | | |
| 갈 지 | ヽ ㄱ 之 | | | | |
| 勢 | 勢 | | | | |
| 형세 세 | 一 十 土 坴 坴 刲 執 執 勢 勢 | | | | |

## 夫唱婦隨

### 부창부수

남편이 주장하고 아내가 이에 잘 따름의 뜻으로, 부부 사이의 화합하는 도리를 비유적으로 이르는 말이에요.

**실생활 적용 예시문**

부창부수라더니 아름다운 부부의 모습이구나.

| 夫 | 夫 | | | | |
|---|---|---|---|---|---|
| 지아비 부 | 一 二 チ 夫 | | | | |
| 唱 | 唱 | | | | |
| 부를 창 | l 口 叮 𠮿 唱 唱 唱 | | | | |
| 婦 | 婦 | | | | |
| 며느리 부 | く 𡿨 女 女' 女⺲ 妒 婦 婦 婦 | | | | |
| 隨 | 隨 | | | | |
| 따를 수 | ⻖ 阝⁷ 阝ナ 陸 隋 隋 隨 隨 | | | | |

## 附和雷同

### 부화뇌동

우레 소리에 맞춰 함께한다는 뜻으로, 줏대 없이 남의 의견에 따라 움직임을 말해요.

**실생활 적용 예시문**

남이 무어라고 해도 쉽사리 부화뇌동하지 마세요.

| 附 | 附 | | | | |
|---|---|---|---|---|---|
| 붙을 부 | ⻖ 阝 阝⁷ 阝付 阝⁻ 附 附 | | | | |
| 和 | 和 | | | | |
| 화할 화 | ´ 二 千 禾 禾 和 和 | | | | |
| 雷 | 雷 | | | | |
| 우레 뇌 | 一 广 广 帀 雨 雨 雪 雪 雪 雷 雷 | | | | |
| 同 | 同 | | | | |
| 한가지 동 | l 冂 冃 同 同 | | | | |

## 粉骨碎身

### 분골쇄신

뼈를 가루로 만들고 몸을 부순다는 뜻으로, 정성으로 노력함을 이르는 말이에요.

**실생활 적용 예시문**

분골쇄신이 되더라도 조국을 위해 목숨을 바치겠습니다.

| 粉 | 粉 | | | | |
|---|---|---|---|---|---|
| 가루 분 | ヽ ゛ ゛ 二 牛 半 米 粉 粉 粉 | | | | |
| 骨 | 骨 | | | | |
| 뼈 골 | l 冂 冎 冎 咼 骨 骨 | | | | |
| 碎 | 碎 | | | | |
| 부술 쇄 | 一 プ 石 石 石ʹ 矿 碎 碎 碎 | | | | |
| 身 | 身 | | | | |
| 몸 신 | ´ ⺊ 自 自 自 身 身 | | | | |

## 不共戴天之讐

### 불공대천지수

한 하늘 아래서는 같이 살 수가 없는 원수라는 뜻으로, 원한이 깊이 사무친 원수를 이르는 말이에요.

**실생활 적용 예시문**

너는 같이 지낼 수 없는 불공대천지수야.

| 不 | 不 | | |
|---|---|---|---|
| 아닐 불 | ー フ オ 不 | | |
| 共 | 共 | | |
| 한가지 공 | 一 井 並 共 共 | | |

| 戴 | 戴 | 天 | 天 |
|---|---|---|---|
| 일 대 | 士 吉 吉 責 戴 戴 戴 | 하늘 천 | 一 二 チ 天 |
| 之 | 之 | 讐 | 讐 |
| 갈 지 | ` ヲ 之 | 원수 수 | 化 伊 隹 雔 雔 雔 讐 |

## 不問曲直

### 불문곡직

옳고 그름을 따지지 아니한다는 뜻이에요.

**실생활 적용 예시문**

죄 없는 그들을 불문곡직 잡아다가 어쩌겠다는 겁니까?

| 不 | 不 | | |
|---|---|---|---|
| 아닐 불 | ー フ オ 不 | | |
| 問 | 問 | | |
| 물을 문 | 丨 卩 卩 門 門 問 問 | | |
| 曲 | 曲 | | |
| 굽을, 누룩 곡 | 丨 冂 曰 由 曲 曲 | | |
| 直 | 直 | | |
| 곧을 직 | 一 十 十 古 古 直 直 | | |

## 不恥下問

### 불치하문

손아랫사람이나 지위나 학식이 자기만 못한 사람에게 모르는 것을 묻는 일을 부끄러워하지 아니한다는 뜻이에요.

**실생활 적용 예시문**

영의정은 불치하문으로 유명해.

| 不 | 不 | | |
|---|---|---|---|
| 아닐 불 | ー フ オ 不 | | |
| 恥 | 恥 | | |
| 부끄러울 치 | 丆 丌 王 耳 耳 恥 恥 | | |
| 下 | 下 | | |
| 아래 하 | 一 丅 下 | | |
| 問 | 問 | | |
| 물을 문 | 丨 卩 卩 門 門 問 問 | | |

# 非夢似夢間

## 비몽사몽간

완전히 잠이 들지도 잠에서 깨어나지도 않은 어렴풋한 순간을 말해요.

### 실생활 적용 예시문

그것은 비몽사몽간에 벌어진 일이었어.

| 非 | | | | | |
|---|---|---|---|---|---|
| 아닐 비 | ノ ナ ヺ 非 非 非 | | | | |
| 夢 | | | | | |
| 꿈 몽 | 一 艹 ヰ 艹 苩 莁 莁 夢 夢 夢 | | | | |
| 似 | | | | | |
| 닮을 사 | ノ イ 仏 似 似 似 似 | | | | |
| 夢 | | 間 | | | |
| 꿈 몽 | 一 艹 苩 莁 莁 夢 | 사이 간 | ﾏ 門 門 門 間 間 | | |

# 四顧無親

## 사고무친

의지할 만한 사람이 아무도 없음을 뜻해요.

### 실생활 적용 예시문

사고무친의 외로운 신세가 한둘은 아니지.

| 四 | | | | | |
|---|---|---|---|---|---|
| 넉 사 | 一 冂 冂 四 四 | | | | |
| 顧 | | | | | |
| 돌아볼 고 | ヽ ᅳ ᄀ 尸 戶 戶 雇 雇 雇 雇 顧 顧 顧 | | | | |
| 無 | | | | | |
| 없을 무 | ᅳ 二 ᅠ 無 無 無 無 | | | | |
| 親 | | | | | |
| 친할 친 | ヽ ᅳ ᅳ 立 产 辛 亲 亲 親 親 親 | | | | |

# 四面楚歌

## 사면초가

사방에서 들리는 초나라의 노래라는 뜻으로 아무에게도 도움을 받지 못하는, 외롭고 곤란한 지경에 빠진 형편을 이르는 말이에요.

### 실생활 적용 예시문

성 밖에도 적, 성안에도 적, 그야말로 사면초가였다.

| 四 | | | | | |
|---|---|---|---|---|---|
| 넉 사 | 一 冂 冂 四 四 | | | | |
| 面 | | | | | |
| 낯 면 | 一 ア 币 而 而 面 面 面 | | | | |
| 楚 | | | | | |
| 초나라 초 | 一 十 木 林 林 梺 梺 梺 楚 楚 | | | | |
| 歌 | | | | | |
| 노래 가 | 一 ᅳ 可 可 吲 哥 哥 哥 歌 歌 歌 | | | | |

人

## 砂上樓閣

### 사상누각

모래 위에 세운 누각이라는 뜻으로, 기초가 튼튼하지 못하여 오래 견디지 못할 일이나 물건을 이르는 말이에요.

**실생활 적용 예시문**

시장과 고객의 요구를 외면한 원천 기술은 사상누각에 불과합니다.

| 砂 | 砂 | | | | |
|---|---|---|---|---|---|
| 모래 사 | 一 ｢ 石 石丿 砂 砂 | | | | |
| 上 | 上 | | | | |
| 윗 상 | l l 上 | | | | |
| 樓 | 樓 | | | | |
| 다락 누 | 一 十 才 术 松 松 桿 桿 棋 棋 樓 | | | | |
| 閣 | 閣 | | | | |
| 집 각 | l l' l'' l''' l''門 門 門 閉 閣 閣 | | | | |

## 事必歸正

### 사필귀정

모든 일은 반드시 바른길로 돌아간다는 뜻이에요.

**실생활 적용 예시문**

나는 오늘날까지 사필귀정의 신념 하나로 버티며 살아왔어.

| 事 | 事 | | | | |
|---|---|---|---|---|---|
| 일 사 | 一 ㅜ ㅁ ㅁ 耳 耳 事 | | | | |
| 必 | 必 | | | | |
| 반드시 필 | ` ゾ 必 必 必 | | | | |
| 歸 | 歸 | | | | |
| 돌아갈 귀 | ' ｢ ｢ 阝 阝 阜 阜 皀 皀 뤄 歸 歸 歸 | | | | |
| 正 | 正 | | | | |
| 바를 정 | 一 丁 下 正 正 | | | | |

## 山上垂訓

### 산상수훈

신약 성경 가운데 〈마태복음〉 5~7장에 실려 있는 예수의 가르침을 말해요.

**실생활 적용 예시문**

산상수훈은 신앙생활의 근본 원리가 간명하게 기술되어 있어.

| 山 | 山 | | | | |
|---|---|---|---|---|---|
| 메 산 | l 丄 山 | | | | |
| 上 | 上 | | | | |
| 윗 상 | l l 上 | | | | |
| 垂 | 垂 | | | | |
| 드리울 수 | ⌒ 二 丢 垚 垂 垂 | | | | |
| 訓 | 訓 | | | | |
| 가르칠 훈 | ` 亠 言 言 言 訓 訓 | | | | |

# 山戰水戰

## 산전수전

산에서도 싸우고 물에서도 싸웠다는 뜻으로, 세상의 온갖 고생과 어려움을 다 겪었음을 이르는 말이에요.

**실생활 적용 예시문**

정 검사는 산전수전 다 겪은 몸이었다.

| 한자 | 훈음 | 필순 |
|---|---|---|
| 山 | 메 산 | 丨 山 山 |
| 戰 | 싸움 전 | ㅁ 吅 罒 冐 單 戰 戰 |
| 水 | 물 수 | 亅 刁 水 水 |
| 戰 | 싸움 전 | ㅁ 吅 罒 冐 單 戰 戰 |

# 山海珍味

## 산해진미

산과 바다에서 나는 온갖 진귀한 물건으로 차린, 맛이 좋은 음식을 뜻해요.

**실생활 적용 예시문**

산해진미가 가득 놓인 식탁이구나.

| 한자 | 훈음 | 필순 |
|---|---|---|
| 山 | 메 산 | 丨 山 山 |
| 海 | 바다 해 | 丶 氵 氵 汇 海 海 海 |
| 珍 | 보배 진 | 一 ㅜ 王 玠 玠 珍 珍 |
| 味 | 맛 미 | ㅁ ㅁ 口 旰 吽 味 味 |

# 殺身成仁

## 살신성인

자기의 몸을 희생하여 인(仁)을 이룬다는 뜻이에요.

**실생활 적용 예시문**

살신성인의 희생정신을 발휘해 보자.

| 한자 | 훈음 | 필순 |
|---|---|---|
| 殺 | 죽일 살 | ノ ㄨ 㐅 丰 杀 杀 杀 杀 殺 殺 |
| 身 | 몸 신 | ′ 亻 冂 自 自 身 身 |
| 成 | 이룰 성 | 丿 厂 万 成 成 成 |
| 仁 | 어질 인 | ノ 亻 仁 仁 |

## 三顧草廬

### 삼고초려

유비가 제갈공명을 세 번이나 찾아가 군사로 초빙한 데서 유래한 말로 인재를 맞아들이기 위하여 참을성 있게 노력한다는 뜻이에요.

**실생활 적용 예시문**

유비는 삼고초려 끝에 제갈량을 군사로 맞아들이는 데에 성공했다.

| 三 | 三 | | | | | |
|---|---|---|---|---|---|---|
| 석 삼 | 一二三 | | | | | |
| 顧 | 顧 | | | | | |
| 돌아볼 고 | 丶丶广广户户雇雇雇雇顧顧顧 | | | | | |
| 草 | 草 | | | | | |
| 풀 초 | 一艹艹艹芍芍莒草 | | | | | |
| 廬 | 廬 | | | | | |
| 농막집 려 | 丶广广广庐庐庐庐庐廈廬廬廬 | | | | | |

## 三旬九食

### 삼순구식

삼십 일 동안 아홉 끼니밖에 먹지 못한다는 뜻으로, 몹시 가난함을 이르는 말이에요.

**실생활 적용 예시문**

삼순구식을 할지라도 마음이 편안한 게 좋아.

| 三 | 三 | | | | | |
|---|---|---|---|---|---|---|
| 석 삼 | 一二三 | | | | | |
| 旬 | 旬 | | | | | |
| 열흘 순 | ノ勹勹旬旬旬 | | | | | |
| 九 | 九 | | | | | |
| 아홉 구 | ノ九 | | | | | |
| 食 | 食 | | | | | |
| 밥 식 | 人人今今今食食 | | | | | |

## 三遷之敎

### 삼천지교

맹자의 어머니가 아들을 가르치기 위하여 세 번이나 이사를 하였음을 이르는 말이에요.

**실생활 적용 예시문**

지금도 삼천지교를 행하는 부모들이 많아.

| 三 | 三 | | | | | |
|---|---|---|---|---|---|---|
| 석 삼 | 一二三 | | | | | |
| 遷 | 遷 | | | | | |
| 옮길 천 | 一冖两两两西西栗票賈遷遷 | | | | | |
| 之 | 之 | | | | | |
| 갈 지 | 丶宀之 | | | | | |
| 敎 | 敎 | | | | | |
| 가르칠 교 | ノメチ乡乡孝孝孝孝孝敎敎 | | | | | |

# 桑田碧海

## 상전벽해

뽕나무밭이 변하여 푸른 바다가 된다는
뜻으로, 세상일의 변천이 심함을 비유적
으로 이르는 말이에요.

### 실생활 적용 예시문

상전벽해라더니 그동안에 이렇게 변했구나!

| 桑 | 桑 | | | | |
|---|---|---|---|---|---|
| 뽕나무 **상** | フ ヌ 弓 叒 叒 桑 桑 | | | | |
| 田 | 田 | | | | |
| 밭 **전** | 丨 冂 冂 田 田 | | | | |
| 碧 | 碧 | | | | |
| 푸를 **벽** | 二 王 珏 珀 珀 碧 碧 碧 | | | | |
| 海 | 海 | | | | |
| 바다 **해** | 丶 氵 汇 汇 海 海 海 | | | | |

---

# 塞翁之馬

## 새옹지마

변방에 사는 노인의 말이라는 뜻으로,
인생의 길흉화복은 변화가 많아서 예측
하기가 어렵다는 말이에요.

### 실생활 적용 예시문

인간사 새옹지마라더니 이번 일이 딱 그렇
구나.

| 塞 | 塞 | | | | |
|---|---|---|---|---|---|
| 변방, 막힐 **새** | 丶 宀 宀 宭 宭 寒 寒 塞 塞 | | | | |
| 翁 | 翁 | | | | |
| 늙은이 **옹** | 八 公 公 兮 兪 翁 翁 翁 | | | | |
| 之 | 之 | | | | |
| 갈 **지** | 丶 亠 之 | | | | |
| 馬 | 馬 | | | | |
| 말 **마** | 丨 厂 厅 馬 馬 馬 | | | | |

---

# 先見之明

## 선견지명

어떤 일이 일어나기 전에 미리 앞을 내
다보고 아는 지혜를 말해요.

### 실생활 적용 예시문

율곡 선생은 전쟁에 대한 선견지명이 있었기
때문에 강병설을 주장했다.

| 先 | 先 | | | | |
|---|---|---|---|---|---|
| 먼저 **선** | 丿 ㅑ ㅑ 生 步 先 | | | | |
| 見 | 見 | | | | |
| 볼 **견** | 丨 冂 冂 冃 目 貝 見 | | | | |
| 之 | 之 | | | | |
| 갈 **지** | 丶 亠 之 | | | | |
| 明 | 明 | | | | |
| 밝을 **명** | 冂 刀 日 旫 明 明 明 | | | | |

## 雪上加霜

### 설상가상

눈 위에 서리가 덮인다는 뜻으로, 난처한 일이나 불행한 일이 잇따라 일어남을 이르는 말이에요.

**실생활 적용 예시문**

시간도 없는데 설상가상으로 길까지 막혔다.

| 雪 | 雪 | | | | | |
|---|---|---|---|---|---|---|
| 눈 설 | 一 广 戸 雨 雨 雪 雪 雪 | | | | | |
| 上 | 上 | | | | | |
| 윗 상 | 丨 卜 上 | | | | | |
| 加 | 加 | | | | | |
| 더할 가 | 丁 力 加 加 加 | | | | | |
| 霜 | 霜 | | | | | |
| 서리 상 | 一 广 戸 雨 雪 雪 霜 霜 霜 | | | | | |

## 說往說來

### 설왕설래

서로 변론을 주고받으며 옥신각신함. 또는 말이 오고 감을 말해요.

**실생활 적용 예시문**

설왕설래 입방아를 찧을 뿐 결론이 나지 않았다.

| 說 | 說 | | | | | |
|---|---|---|---|---|---|---|
| 말씀 설 | 二 言 言 訪 訪 說 | | | | | |
| 往 | 往 | | | | | |
| 갈 왕 | 丿 彳 彳 彳 彳 往 往 | | | | | |
| 說 | 說 | | | | | |
| 말씀 설 | 二 言 言 訪 訪 說 | | | | | |
| 來 | 來 | | | | | |
| 올 래 | 一 厂 厂 戸 过 来 来 來 | | | | | |

## 纖纖玉手

### 섬섬옥수

가냘프고 고운 여자의 손을 이르는 말이에요.

**실생활 적용 예시문**

섬섬옥수 같은 손으로 바느질을 했다.

| 纖 | 纖 | | | | | |
|---|---|---|---|---|---|---|
| 가늘 섬 | 幺 糸 糸 紆 紵 紵 緇 緇 纖 纖 纖 | | | | | |
| 纖 | 纖 | | | | | |
| 가늘 섬 | 幺 糸 糸 紆 紵 紵 緇 緇 纖 纖 纖 | | | | | |
| 玉 | 玉 | | | | | |
| 구슬 옥 | 一 二 干 王 玉 | | | | | |
| 手 | 手 | | | | | |
| 손 수 | 一 二 三 手 | | | | | |

# 送舊迎新

## 송구영신

묵은해를 보내고 새해를 맞는다는 뜻이에요.

### 실생활 적용 예시문

연말연시에 보내는 카드에는 대개 송구영신이라는 문구가 들어간다.

| 送 | 送 | | | | |
|---|---|---|---|---|---|
| 보낼 송 | 八 亼 쏘 쏫 诶 送 | | | | |
| 舊 | 舊 | | | | |
| 옛 구 | 一 ㄧ ㅛ 芦 芦 茬 茬 萑 荏 薑 舊 舊 舊 | | | | |
| 迎 | 迎 | | | | |
| 맞을 영 | ˊ ㇒ 卬 卬 抑 迎 迎 | | | | |
| 新 | 新 | | | | |
| 새 신 | ㆍ ㆍ 立 辛 亲 新 新 新 | | | | |

# 首邱初心

## 수구초심

여우가 죽을 때에 머리를 자기가 살던 굴 쪽으로 둔다는 뜻으로, 고향을 그리워하는 마음을 이르는 말이에요.

### 실생활 적용 예시문

수구초심이라고 나이가 드니 고향 생각이 더 난다.

| 首 | 首 | | | | |
|---|---|---|---|---|---|
| 머리 수 | ˇ ㄎ 丷 产 产 首 首 | | | | |
| 邱 | 邱 | | | | |
| 언덕 구 | ˊ ㇒ ㇒ 斤 丘 丘 邱 邱 | | | | |
| 初 | 初 | | | | |
| 처음 초 | ˋ ㇇ 衤 衤 衤 初 初 | | | | |
| 心 | 心 | | | | |
| 마음 심 | ㇏ 心 心 心 | | | | |

# 壽福康寧

## 수복강녕

오래 살고 복을 누리며 건강하고 평안함을 말해요.

### 실생활 적용 예시문

부모님의 수복강녕을 빕니다.

| 壽 | 壽 | | | | |
|---|---|---|---|---|---|
| 목숨 수 | ㆍ 士 吉 声 喜 臺 壽 壽 | | | | |
| 福 | 福 | | | | |
| 복 복 | ㆍ 亍 禾 衤 衤 和 禍 禍 禍 福 | | | | |
| 康 | 康 | | | | |
| 편안 강 | ˋ 广 户 户 庐 庚 庚 康 康 | | | | |
| 寧 | 寧 | | | | |
| 편안할 녕 | ㆍ ㇒ 宀 宀 宁 窑 窑 密 密 寧 | | | | |

# 袖手傍觀

## 수수방관

팔짱을 끼고 보고만 있다는 뜻으로, 간섭하거나 거들지 아니하고 그대로 버려둠을 이르는 말이에요.

### 실생활 적용 예시문

우리 반은 수수방관만 일삼아 왔어.

| 袖 | 袖 | | | |
|---|---|---|---|---|
| 소매 수 | `ᅴ ᅪ ᅰ ᅰ ᅵ ᅺ ᅻ ᅼ 袖 袖` | | | |
| 手 | 手 | | | |
| 손 수 | `ᅳ ᅴ ᅳ 手` | | | |
| 傍 | 傍 | | | |
| 곁 방 | `ᅵ ᅲ ᅳ ᅳ ᅳ 傍 傍` | | | |
| 觀 | 觀 | | | |
| 볼 관 | `ᅵ ᅲ ᅳ ᅳ ᅳ ᅳ 萑 萑 萑 觀 觀 觀` | | | |

# 誰怨誰咎

## 수원수구

남을 원망하거나 탓할 것이 없음을 이르는 말이에요.

### 실생활 적용 예시문

앞으로는 수원수구가 없어야 할 것이오.

| 誰 | 誰 | | | |
|---|---|---|---|---|
| 누구 수 | `ᅳ ᅴ ᅳ 訁 訠 誰 誰` | | | |
| 怨 | 怨 | | | |
| 원망할 원 | `ᅵ ᅲ ᅴ ᅴ 夗 夗 怨 怨` | | | |
| 誰 | 誰 | | | |
| 누구 수 | `ᅳ ᅴ ᅳ 訁 訠 誰 誰` | | | |
| 咎 | 咎 | | | |
| 허물 구 | `ᅵ ᅲ ᅳ ᅰ ᅱ 咎 咎 咎` | | | |

# 脣亡齒寒

## 순망치한

입술을 잃으면 이가 시리다는 뜻으로, 가까운 사이의 한쪽이 망하면 다른 한쪽도 그 영향을 받아 온전하기 어려움을 비유하여 이르는 말이에요.

### 실생활 적용 예시문

이웃 나라가 침범을 당하니 순망치한이 될까 염려스럽다.

| 脣 | 脣 | | | |
|---|---|---|---|---|
| 입술 순 | `ᅳ ᅵ ᅴ ᅴ ᅵ ᅶ 辰 脣 脣 脣` | | | |
| 亡 | 亡 | | | |
| 망할 망 | `ᅴ ᅳ 亡` | | | |
| 齒 | 齒 | | | |
| 이 치 | `ᅵ ᅲ ᅳ ᅳ ᅳ ᅳ 齒 齒 齒` | | | |
| 寒 | 寒 | | | |
| 찰 한 | `ᅴ ᅳ 宀 宀 宲 宲 寒 寒` | | | |

## 是是非非

시시비비

여러 가지의 잘잘못을 말해요.

**실생활 적용 예시문**

친구는 세상의 시시비비에서 벗어난 것처럼 보여.

| 是 | 是 | | | | |
|---|---|---|---|---|---|
| 이, 옳을 시 | `丶 日 旦 무 무 무 是` | | | | |
| 是 | 是 | | | | |
| 이, 옳을 시 | `丶 日 旦 무 무 무 是` | | | | |
| 非 | 非 | | | | |
| 아닐 비 | `丿 丬 非 非 非 非 非` | | | | |
| 非 | 非 | | | | |
| 아닐 비 | `丿 丬 非 非 非 非 非` | | | | |

## 尸位素餐

시위소찬

하는 일 없이 자리만 차지하고 있으면서 녹을 받아먹음을 비유적으로 이르는 말이에요.

**실생활 적용 예시문**

늙고 병든 몸이 시위소찬으로 앉아 있으면 안 되지요.

| 尸 | 尸 | | | | |
|---|---|---|---|---|---|
| 주검 시 | `フ ㄱ 尸` | | | | |
| 位 | 位 | | | | |
| 자리 위 | `丿 亻 亻 位 位 位 位` | | | | |
| 素 | 素 | | | | |
| 본디 소 | `一 二 三 卡 主 丰 丰 素 素 素` | | | | |
| 餐 | 餐 | | | | |
| 밥 찬 | `丶 卜 ╱ ク 夕 夘 夛 奴 㢱 餐 餐 餐 餐 餐 餐` | | | | |

## 識字憂患

식자우환

학식이 있는 것이 오히려 근심을 사게 된다는 뜻이에요.

**실생활 적용 예시문**

식자우환이라더니 멀쩡한 가전제품을 고물로 만들어 놓았어.

| 識 | 識 | | | | |
|---|---|---|---|---|---|
| 알 식 | `丶 二 言 言 言 言 言 諭 諭 諭 諭 識 識 識` | | | | |
| 字 | 字 | | | | |
| 글자 자 | `丶 宀 宀 宁 宁 字` | | | | |
| 憂 | 憂 | | | | |
| 근심 우 | `一 一 币 币 百 百 萬 惪 夢 夢 憂` | | | | |
| 患 | 患 | | | | |
| 근심 환 | `ㅁ 口 吕 吕 串 患 患 患` | | | | |

## 身言書判

### 신언서판

예전에 인물을 선택하는 데 표준으로 삼던 조건. 곧 신수, 말씨, 문필, 판단력의 네 가지를 말해요.

**실생활 적용 예시문**

신언서판이 나무랄 곳 없는 훤칠하게 잘생긴 사람이야.

| 身 | 身 | | | | |
|---|---|---|---|---|---|
| 몸 신 | ´ ㅣ ㅓ ㅓ ㅓ 身 身 | | | | |
| 言 | 言 | | | | |
| 말씀 언 | ` 二 午 午 言 言 言 | | | | |
| 書 | 書 | | | | |
| 글 서 | ㄱ ㄱ ㄱ ㅋ ㅋ 書 書 書 書 | | | | |
| 判 | 判 | | | | |
| 판단할 판 | ´ ㅅ ㅅ 스 半 判 判 | | | | |

## 神出鬼沒

### 신출귀몰

귀신같이 나타났다가 사라진다는 뜻으로, 그 움직임을 쉽게 알 수 없을 만큼 자유자재로 나타나고 사라짐을 비유적으로 이르는 말이에요.

**실생활 적용 예시문**

범인은 신출귀몰의 재주를 가진 사람처럼 행방을 감추었다.

| 神 | 神 | | | | |
|---|---|---|---|---|---|
| 귀신 신 | ` 二 子 齐 齐 和 和 祖 神 | | | | |
| 出 | 出 | | | | |
| 날 출 | ㅣ 屮 屮 出 出 | | | | |
| 鬼 | 鬼 | | | | |
| 귀신 귀 | ´ 白 白 白 鬼 鬼 鬼 鬼 | | | | |
| 沒 | 沒 | | | | |
| 빠질 몰 | ` ` ` 氵 氵 沪 沪 沒 | | | | |

## 十匙一飯

### 십시일반

밥 열 술이 한 그릇이 된다는 뜻으로, 여러 사람이 조금씩 힘을 합하면 한 사람을 돕기 쉬움을 이르는 말이에요.

**실생활 적용 예시문**

우리가 십시일반으로 돈을 모아서 불쌍한 이웃을 돕자.

| 十 | 十 | | | | |
|---|---|---|---|---|---|
| 열 십 | 一 十 | | | | |
| 匙 | 匙 | | | | |
| 숟가락 시 | ㅣ ㅁ ㅂ 日 旦 무 무 昌 是 是 匙 | | | | |
| 一 | 一 | | | | |
| 한 일 | 一 | | | | |
| 飯 | 飯 | | | | |
| 밥 반 | ノ ノ ノ ㅅ 今 今 食 食 飮 飯 飯 | | | | |

## 十 日 之 菊

### 십일지국

한창때인 9월 9일이 지난 9월 10일의 국화라는 뜻으로, 이미 때가 늦은 일을 비유적으로 이르는 말이에요.

**실생활 적용 예시문**

십일지국 지난 지가 언젠데 이제 시작하니?

| 十 | 十 | | | |
|---|---|---|---|---|
| 열 십 | 一 十 | | | |
| 日 | 日 | | | |
| 날 일 | l ㄇ 日 日 | | | |
| 之 | 之 | | | |
| 갈 지 | ` ㇇ 之 | | | |
| 菊 | 菊 | | | |
| 국화 국 | ⺊ ⺿ 芍 苟 荺 菊 菊 | | | |

## 阿 鼻 叫 喚

### 아비규환

여러 사람이 비참한 지경에 빠져 울부짖는 참상을 비유적으로 이르는 말이에요.

**실생활 적용 예시문**

사고 현장은 그야말로 아비규환이었다.

| 阿 | 阿 | | | |
|---|---|---|---|---|
| 언덕 아 | ⁊ ㄋ ㊉ ㊉ 阿 阿 阿 | | | |
| 鼻 | 鼻 | | | |
| 코 비 | ⼞ 白 鳥 畠 皀 鼻 鼻 | | | |
| 叫 | 叫 | | | |
| 부르짖을 규 | l ㄇ ㅁ ㅁㄴ 叫 | | | |
| 喚 | 喚 | | | |
| 부를 환 | l ㅁ ㅁᑊ ㅁᑉ ㅁᑉ 喚 喚 喚 | | | |

## 我 田 引 水

### 아전인수

자기 논에 물 대기라는 뜻으로, 자기에게만 이롭게 되도록 생각하거나 행동함을 이르는 말이에요.

**실생활 적용 예시문**

자기에게 불리할 때에만 원칙을 내세우는 그의 태도는 아전인수 그 자체였다.

| 我 | 我 | | | |
|---|---|---|---|---|
| 나 아 | ⼃ ⼀ 千 手 我 我 我 | | | |
| 田 | 田 | | | |
| 밭 전 | l ㄇ 日 田 田 | | | |
| 引 | 引 | | | |
| 끌 인 | ⼸ ㄱ 弓 引 | | | |
| 水 | 水 | | | |
| 물 수 | ⼅ ㇉ 水 水 | | | |

## 羊頭狗肉

### 양두구육

양의 머리를 걸어 놓고 개고기를 판다는 뜻으로, 겉보기만 그럴듯하게 보이고 속은 변변하지 아니함을 이르는 말이에요.

**실생활 적용 예시문**

겉모양은 고마운 마음이라 양두구육이 아니냐고 따져볼 수 없었어.

| 羊 | 羊 | | | | |
|---|---|---|---|---|---|
| 양 양 | `丶丷丷圭兰羊羊` | | | | |
| 頭 | 頭 | | | | |
| 머리 두 | `一一一一百頭頭頭` | | | | |
| 狗 | 狗 | | | | |
| 개 구 | `丿丿丬犭狗狗狗狗` | | | | |
| 肉 | 肉 | | | | |
| 고기 육 | `丨冂内内肉肉` | | | | |

## 梁上君子

### 양상군자

들보 위의 군자라는 뜻으로, 도둑을 완곡하게 이르는 말이에요.

**실생활 적용 예시문**

도둑놈을 때론 양상군자로 높여 부른다.

| 梁 | 梁 | | | | |
|---|---|---|---|---|---|
| 들보 양 | `氵氵沪沙泌涩梁梁` | | | | |
| 上 | 上 | | | | |
| 윗 상 | `丨卜上` | | | | |
| 君 | 君 | | | | |
| 임금 군 | `フユヨ尹尹君君` | | | | |
| 子 | 子 | | | | |
| 아들 자 | `フ了子` | | | | |

## 漁夫之利

### 어부지리

어부의 이익이라는 뜻으로, 두 사람이 이해관계로 서로 싸우는 사이에 엉뚱한 사람이 애쓰지 않고 가로챈 이익을 이르는 말이에요.

**실생활 적용 예시문**

두 후보의 어리석음 때문에 당선 가능성이 없었던 다른 후보가 어부지리를 얻었다.

| 漁 | 漁 | | | | |
|---|---|---|---|---|---|
| 고기 잡을 어 | `丶氵氵沪泃渔渔渔` | | | | |
| 夫 | 夫 | | | | |
| 지아비 부 | `一二丰夫` | | | | |
| 之 | 之 | | | | |
| 갈 지 | `丶㇇之` | | | | |
| 利 | 利 | | | | |
| 이로울 리 | `丿二千禾禾利利` | | | | |

# 言中有骨

## 언중유골

말 속에 뼈가 있다는 뜻으로, 예사로운 말 속에 단단한 속뜻이 들어 있음을 이르는 말이에요.

### 실생활 적용 예시문

언중유골이라더니, 그 말을 괜히 한 게 아니구나.

| 言 | 言 | | | | |
|---|---|---|---|---|---|
| 말씀 언 | `丶 亠 亠 言 言 言 言` | | | | |
| 中 | 中 | | | | |
| 가운데 중 | `丨 口 口 中` | | | | |
| 有 | 有 | | | | |
| 있을 유 | `丿 ナ 才 有 有 有` | | | | |
| 骨 | 骨 | | | | |
| 뼈 골 | `丨 口 口 円 咼 骨 骨` | | | | |

---

# 如反掌

## 여반장

손바닥을 뒤집는 것 같다는 뜻으로, 일이 매우 쉬움을 이르는 말이에요.

### 실생활 적용 예시문

철수의 주의를 딴 데로 돌리기는 여반장이야.

| 如 | 如 | | | | |
|---|---|---|---|---|---|
| 같을 여 | `乀 夕 女 如 如 如` | | | | |
| 反 | 反 | | | | |
| 돌이킬 반 | `一 厂 万 反` | | | | |
| 掌 | 掌 | | | | |
| 손바닥 장 | `丶 丷 严 尚 尚 堂 堂 掌` | | | | |
| 如 | 反 | 掌 | | | |

---

# 緣木求魚

## 연목구어

나무에 올라가서 물고기를 구한다는 뜻으로, 도저히 불가능한 일을 굳이 하려 함을 비유적으로 이르는 말이에요.

### 실생활 적용 예시문

공부는 하지 않는데 점수가 오르기를 바라는 것은 연목구어나 마찬가지야.

| 緣 | 緣 | | | | |
|---|---|---|---|---|---|
| 인연 연 | `ㄥ 幺 斗 糸 糸' 紒 紵 絹 紵 緣 緣 緣` | | | | |
| 木 | 木 | | | | |
| 나무 목 | `一 十 才 木` | | | | |
| 求 | 求 | | | | |
| 구할 구 | `一 十 寸 才 求 求 求` | | | | |
| 魚 | 魚 | | | | |
| 물고기 어 | `丿 ㄅ 各 鱼 鱼 魚 魚` | | | | |

## 拈華微笑

### 염화미소

말로 통하지 아니하고 마음에서 마음으로 전하는 일을 말해요.

**실생활 적용 예시문**

석가모니는 염화미소로 중생들에게 답했어.

| 拈 | 拈 | | | | |
|---|---|---|---|---|---|
| 집을 염 | 一 十 扌 扌 扚 扚 拈 拈 | | | | |
| 華 | 華 | | | | |
| 빛날 화 | 一 十 艹 芢 莁 苹 苹 華 | | | | |
| 微 | 微 | | | | |
| 작을 미 | 彳 彳 彳 彳 彳 彳 彳 微 微 微 微 | | | | |
| 笑 | 笑 | | | | |
| 웃음 소 | 丿 𠆢 𠂉 𥫗 𥫗 竺 竻 笑 | | | | |

---

## 五里霧中

### 오리무중

오 리나 되는 짙은 안개 속에 있다는 뜻으로, 무슨 일에 대하여 방향이나 갈피를 잡을 수 없음을 이르는 말이에요.

**실생활 적용 예시문**

범인의 행방이 오리무중이다.

| 五 | 五 | | | | |
|---|---|---|---|---|---|
| 다섯 오 | 一 丁 五 五 | | | | |
| 里 | 里 | | | | |
| 마을 리 | 丨 口 曰 曰 旦 里 里 | | | | |
| 霧 | 霧 | | | | |
| 안개 무 | 一 戶 币 币 雨 雩 雩 霁 霧 霧 霧 | | | | |
| 中 | 中 | | | | |
| 가운데 중 | 丨 口 口 中 | | | | |

---

## 烏飛梨落

### 오비이락

까마귀 날자 배 떨어진다는 뜻으로, 아무 관계도 없이 한 일이 공교롭게도 때가 같아 억울하게 의심을 받거나 난처한 위치에 서게 됨을 이르는 말이에요.

**실생활 적용 예시문**

어제 한 일이 공교롭게도 오비이락일세.

| 烏 | 烏 | | | | |
|---|---|---|---|---|---|
| 까마귀 오 | 丿 𠂉 𠂉 𠂆 𠂆 烏 烏 烏 烏 | | | | |
| 飛 | 飛 | | | | |
| 날 비 | 乁 乁 飞 飞 飞 飛 飛 飛 飛 | | | | |
| 梨 | 梨 | | | | |
| 배나무 이 | 丿 二 千 禾 利 利 利 梨 梨 | | | | |
| 落 | 落 | | | | |
| 떨어질 락 | 一 十 艹 艹 莎 莎 苃 茨 莈 落 落 | | | | |

# 傲霜孤節

## 오상고절

서릿발이 심한 속에서도 굴하지 아니하고 외로이 지키는 절개라는 뜻으로, '국화'를 이르는 말이에요.

### 실생활 적용 예시문

오상고절은 너뿐인가 하노라.

| | | | | | | |
|---|---|---|---|---|---|---|
| 傲 거만할 오 | ノイイイ伊伊侾侾傲傲 | | | | | |
| 霜 서리 상 | 一广广币而雨雨霏霜霜 | | | | | |
| 孤 외로울 고 | 了孑孑孑孤孤孤 | | | | | |
| 節 마디 절 | ノ八八竹竹竺笒笒笪笪筲節 | | | | | |

# 五十步百步

## 오십보백보

조금 낮고 못한 정도의 차이는 있으나 본질적으로는 차이가 없음을 이르는 말이에요.

### 실생활 적용 예시문

150과 151은 도토리 키 재기로 오십보백보다.

| | | | | | | |
|---|---|---|---|---|---|---|
| 五 다섯 오 | 一丁五五 | | | | | |
| 十 열 십 | 一十 | | | | | |
| 步 걸음 보 | 丨丨止止步步步 | | | | | |
| 百 일백 백 | 一丁丆百百百 | 步 걸음 보 | 丨丨止止步步步 | | | |

# 吳越同舟

## 오월동주

서로 적의를 품은 사람들이 한자리에 있게 된 경우나 서로 협력하여야 하는 상황을 비유적으로 이르는 말이에요.

### 실생활 적용 예시문

지금은 오월동주를 생각해야 할 시기요.

| | | | | | | |
|---|---|---|---|---|---|---|
| 吳 성씨 오 | 丶口口吕吕吴吴 | | | | | |
| 越 넘을 월 | 一十土キキ走走走走越越越 | | | | | |
| 同 한가지 동 | 丨冂冂同同 | | | | | |
| 舟 배 주 | 丿丿丬丹丹舟 | | | | | |

# 烏合之衆

## 오합지중

까마귀가 모인 것처럼 질서가 없이 모인 병졸이
라는 뜻으로, 임시로 모여들어서 규율이 없고
무질서한 병졸 또는 군중을 이르는 말이에요.

### 실생활 적용 예시문

지금 성내에는 오합지중으로 된 수성군 이백
명이 있을 뿐이오.

| 烏 | 烏 | | | | |
|---|---|---|---|---|---|
| 까마귀 오 | ´ ⺈ ⺈ ⺁ ⺁ 烏 烏 烏 烏 | | | | |
| 合 | 合 | | | | |
| 합할 합 | ノ 人 ㅅ 合 合 合 | | | | |
| 之 | 之 | | | | |
| 갈 지 | ` ㇇ 之 | | | | |
| 衆 | 衆 | | | | |
| 무리 중 | ´ ⺈ 血 血 乑 乑 衆 | | | | |

# 溫故知新

## 온고지신

옛것을 익히고 그것을 미루어서 새것을
앎을 말해요.

### 실생활 적용 예시문

고전의 생명은 온고지신에 있다.

| 溫 | 溫 | | | | |
|---|---|---|---|---|---|
| 따뜻할 온 | 氵 汨 汨 汩 㵍 溫 溫 溫 | | | | |
| 故 | 故 | | | | |
| 연고 고 | 一 十 古 古 扌 故 故 故 | | | | |
| 知 | 知 | | | | |
| 알 지 | ⺊ ⺁ 午 矢 知 知 知 | | | | |
| 新 | 新 | | | | |
| 새 신 | ㇗ ㇗ 亲 亲 新 新 新 | | | | |

# 臥薪嘗膽

## 와신상담

불편한 섶에 몸을 눕히고 쓸개를 맛본다는 뜻
으로, 원수를 갚거나 마음먹은 일을 이루기
위해 온갖 어려움을 참고 견딘다는 말이에요.

### 실생활 적용 예시문

우리 팀은 작년의 예선 탈락의 수모를 씻고자
와신상담의 노력을 기울여 왔다.

| 臥 | 臥 | | | | |
|---|---|---|---|---|---|
| 누울 와 | 一 ⺫ ⺕ ㅋ 臣 臥 臥 | | | | |
| 薪 | 薪 | | | | |
| 섶 신 | 一 ㅛ 芋 芋 芏 芜 莘 莘 薪 薪 薪 | | | | |
| 嘗 | 嘗 | | | | |
| 맛볼 상 | ⺌ ⺍ 尚 尚 尚 尚 嘗 嘗 嘗 | | | | |
| 膽 | 膽 | | | | |
| 쓸개 담 | 丿 月 肜 胪 胪 胪 脂 膽 膽 | | | | |

## 樂山樂水

### 요산요수

산수(山水)의 자연을 즐기고 좋아함을 뜻해요.

**실생활 적용 예시문**

요산요수라 산은 자주빛으로 선명하구나.

| 樂 | 樂 | | | |
|---|---|---|---|---|
| 좋아할 요 | ′ ⁾ ⁾ ⁾ ⁾ ⁾ 絲 幺幺 樂 樂 樂 | | | |
| 山 | 山 | | | |
| 메 산 | ∣ 凵 山 | | | |
| 樂 | 樂 | | | |
| 좋아할 요 | ′ ⁾ ⁾ ⁾ ⁾ ⁾ 絲 幺幺 樂 樂 樂 | | | |
| 水 | 水 | | | |
| 물 수 | ∣ 기 水 水 | | | |

## 龍頭蛇尾

### 용두사미

용의 머리와 뱀의 꼬리라는 뜻으로, 처음은 왕성하나 끝이 부진한 현상을 이르는 말이에요.

**실생활 적용 예시문**

용두사미로 끝내지 말고 착실한 독서회가 되었으면 좋겠다.

| 龍 | 龍 | | | |
|---|---|---|---|---|
| 용 용 | ˊ ㄔ 产 产 肯 龍 龍 龍 | | | |
| 頭 | 頭 | | | |
| 머리 두 | ′ ㅁ 쿄 쿄 豆丆 頭 頭 頭 | | | |
| 蛇 | 蛇 | | | |
| 긴 뱀 사 | ㅁ ㅁ 中 虫 虫 蚘 蛇 蛇 蛇 | | | |
| 尾 | 尾 | | | |
| 꼬리 미 | ˊ ˀ 尸 尸 尾 尾 尾 | | | |

## 類萬不同

### 유만부동

비슷한 것이 많으나 서로 같지는 아니함을 말해요.

**실생활 적용 예시문**

배은망덕도 유만부동이지, 어이가 없어 기가 막힌다.

| 類 | 類 | | | |
|---|---|---|---|---|
| 무리 유 | ′ ′′ ″ ″ 米 米 类 类 类 粁 斱 類 類 | | | |
| 萬 | 萬 | | | |
| 일만 만 | ′ ′′ 쓰 쓰 芇 芇 萬 萬 萬 萬 | | | |
| 不 | 不 | | | |
| 아닐 부 | ′ ㄱ ㄱ 不 | | | |
| 同 | 同 | | | |
| 한가지 동 | ∣ 冂 冂 同 同 | | | |

# 唯我獨尊

## 유아독존

세상에서 자기 혼자 잘났다고 뽐내는 태도를 뜻해요.

### 실생활 적용 예시문

유아독존이면 친구를 사귈 수 없어.

| 唯 | 唯 | | | |
|---|---|---|---|---|
| 오직 유, 누구 수 | ロ ロ<sup></sup> ロ<sup></sup> ロ<sup></sup> ロ<sup></sup> 唯 唯 | | | |
| 我 | 我 | | | |
| 나 아 | ´ 二 干 手 我 我 我 | | | |
| 獨 | 獨 | | | |
| 홀로 독 | ´ ｆ ｆ ｆ ｆ 獨 獨 獨 獨 獨 | | | |
| 尊 | 尊 | | | |
| 높을 존 | ´ 八 八 付 付 酋 酋 尊 尊 尊 | | | |

# 流言蜚語

## 유언비어

아무 근거 없이 널리 퍼진 소문. 터무니없이 떠도는 말을 뜻해요.

### 실생활 적용 예시문

선거철에는 종종 상대 후보를 비방하는 유언비어가 떠돈다.

| 流 | 流 | | | |
|---|---|---|---|---|
| 흐를 유 | 氵 氵 氵 氵 氵 流 流 | | | |
| 言 | 言 | | | |
| 말씀 언 | 丶 亠 宁 宁 言 言 言 | | | |
| 蜚 | 蜚 | | | |
| 바퀴 비 | 丿 ヲ 爿 非 非 非 非 非 蜚 蜚 | | | |
| 語 | 語 | | | |
| 말씀 어 | 亠 言 言 訂 語 語 語 | | | |

# 類類相從

## 유유상종

같은 무리끼리 서로 사귄다는 뜻이에요.

### 실생활 적용 예시문

유유상종이라고 하더니 고만고만한 녀석들끼리 모였다.

| 類 | 類 | | | |
|---|---|---|---|---|
| 무리 유 | ´´ ´´ 半 米 米 粁 粁 類 類 類 | | | |
| 類 | 類 | | | |
| 무리 유 | ´´ ´´ 半 米 米 粁 粁 類 類 類 | | | |
| 相 | 相 | | | |
| 서로 상 | 一 十 才 木 相 相 相 相 相 | | | |
| 從 | 從 | | | |
| 좇을 종 | ´ 彳 彳 彳 彳 從 | | | |

# 吟風弄月

## 음풍농월

맑은 바람과 밝은 달을 대상으로 시를 짓고 흥취를 자아내어 즐겁게 놂을 말해요.

### 실생활 적용 예시문

선비들은 음풍농월을 즐겼어.

| 吟 | 吟 | | | | |
|---|---|---|---|---|---|
| 읊을 음, 입 다물 금 | ィ ア ㅁ ㅁ' 吟 吟 吟 | | | | |
| 風 | 風 | | | | |
| 바람 풍 | ノ 几 凡 凨 凨 風 風 | | | | |
| 弄 | 弄 | | | | |
| 희롱할 농 | 一 二 干 王 丟 弄 弄 | | | | |
| 月 | 月 | | | | |
| 달 월 | ノ 几 月 月 | | | | |

# 以心傳心

## 이심전심

마음과 마음으로 서로 뜻이 통함을 말해요.

### 실생활 적용 예시문

우리는 이심전심으로 통해요.

| 以 | 以 | | | | |
|---|---|---|---|---|---|
| 써 이 | 丶 丿 丿 以 以 | | | | |
| 心 | 心 | | | | |
| 마음 심 | 丶 心 心 心 | | | | |
| 傳 | 傳 | | | | |
| 전할 전 | ノ イ 仁 仵 但 伸 值 傳 傳 | | | | |
| 心 | 心 | | | | |
| 마음 심 | 丶 心 心 心 | | | | |

# 二律背反

## 이율배반

서로 모순되는 두 명제가 동등한 타당성을 가지고 주장되는 일을 말해요.

### 실생활 적용 예시문

그 명제는 이율배반적이야.

| 二 | 二 | | | | |
|---|---|---|---|---|---|
| 두 이 | 一 二 | | | | |
| 律 | 律 | | | | |
| 법칙 율 | ノ ノ イ 彳 行 徇 徍 律 律 | | | | |
| 背 | 背 | | | | |
| 등, 배반할 배 | 一 丬 丬 北 北 背 背 背 | | | | |
| 反 | 反 | | | | |
| 돌이킬 반 | 一 厂 厉 反 | | | | |

# 李下不整冠

## 이하부정관

자두나무 밑에서 갓을 고쳐 쓰지 말라는 뜻으로, 남에게 의심 살 만한 일은 피하는 것이 좋음을 비유적으로 이르는 말이에요.

### 실생활 적용 예시문

어떤 행동이라도 이하부정관을 가슴에 새기는 게 좋아.

| 李 | 李 | | | | | | |
|---|---|---|---|---|---|---|---|
| 오얏 이 | 一 十 才 木 杢 李 李 | | | | | | |
| 下 | 下 | | | | | | |
| 아래 하 | 一 丁 下 | | | | | | |
| 不 | 不 | | | | | | |
| 아닐 부 | 一 ブ 不 不 | | | | | | |
| 整 | 整 | | | 冠 | 冠 | | |
| 가지런할 정 | 束 敕 敕 整 整 整 | | 갓 관 | 冖 冖 帍 冠 冠 冠 | | |

# 耳懸鈴鼻懸鈴

## 이현령비현령

귀에 걸면 귀걸이 코에 걸면 코걸이라는 뜻으로, 어떤 사실이 이렇게도 저렇게도 해석됨을 이르는 말이에요.

### 실생활 적용 예시문

남의 덕으로 사는 무리는 이현령비현령으로 비위만 맞추는 법이야.

| 耳 | 耳 | | | | | |
|---|---|---|---|---|---|---|
| 귀 이 | 一 丁 丌 丌 耳 耳 | | | | | |
| 懸 | 懸 | | | | | |
| 달 현 | 目 且 県 縣 縣 懸 懸 | | | | | |
| 鈴 | 鈴 | | 鼻 | 鼻 | | |
| 방울 령 | 仐 釒 釚 釛 鈴 鈴 | | 코 비 | 白 臼 帛 畠 鼻 鼻 | |
| 懸 | 懸 | | 鈴 | 鈴 | | |
| 달 현 | 且 県 縣 縣 懸 懸 | | 방울 령 | 仐 釒 釚 釛 鈴 鈴 | |

# 益者三友

## 익자삼우

사귀어서 도움이 되는 세 가지의 벗. 심성이 곧은 사람과 믿음직한 사람, 문견이 많은 사람을 말해요.

### 실생활 적용 예시문

넌 익자삼우가 있으니 정말 좋겠다.

| 益 | 益 | | | | | |
|---|---|---|---|---|---|---|
| 더할 익 | ´ ハ グ グ 犮 谷 益 益 | | | | | |
| 者 | 者 | | | | | |
| 놈 자 | 十 土 耂 者 者 者 | | | | | |
| 三 | 三 | | | | | |
| 석 삼 | 一 二 三 | | | | | |
| 友 | 友 | | | | | |
| 벗 우 | 一 ナ 方 友 | | | | | |

# 因果應報
## 인과응보

선을 행하면 선의 결과가, 악을 행하면 악의 결과가 반드시 뒤따름을 뜻해요.

### 실생활 적용 예시문
놀부가 벌을 받게 되는 것은 인과응보야.

| 因 | 因 | | | | |
|---|---|---|---|---|---|
| 인할 인 | 丨 冂 冂 円 囝 因 | | | | |
| 果 | 果 | | | | |
| 실과 과 | 丶 口 曰 旦 昌 早 果 果 | | | | |
| 應 | 應 | | | | |
| 응할 응 | 丶 广 广 广 庐 庐 雁 雁 雁 雁 應 應 | | | | |
| 報 | 報 | | | | |
| 갚을 보 | 一 十 土 キ 去 幸 幸 幸丶 幸ㄗ 報 報 | | | | |

# 日久月深
## 일구월심

날이 오래고 달이 깊어 간다는 뜻으로, 세월이 흐를수록 더함을 이르는 말이에요.

### 실생활 적용 예시문
이모는 아이 갖기를 일구월심으로 바랐다.

| 日 | 日 | | | | |
|---|---|---|---|---|---|
| 날 일 | 丨 冂 日 日 | | | | |
| 久 | 久 | | | | |
| 오랠 구 | 丿 ク 久 | | | | |
| 月 | 月 | | | | |
| 달 월 | 丿 刀 月 月 | | | | |
| 深 | 深 | | | | |
| 깊을 심 | 氵 氵 氵 氵 湥 深 深 | | | | |

# 一魚濁水
## 일어탁수

한 마리의 물고기가 물을 흐린다는 뜻으로, 한 사람의 잘못으로 여러 사람이 피해를 입게 됨을 이르는 말이에요.

### 실생활 적용 예시문
일어탁수라더니 이 사건이 바로 그렇구나.

| 一 | 一 | | | | |
|---|---|---|---|---|---|
| 한 일 | 一 | | | | |
| 魚 | 魚 | | | | |
| 물고기 어 | 丿 ク 勺 舟 魚 魚 魚 魚 | | | | |
| 濁 | 濁 | | | | |
| 흐릴 탁 | 氵 氵 氵 汭 渭 濁 濁 | | | | |
| 水 | 水 | | | | |
| 물 수 | 丨 刁 水 水 | | | | |

# 一日三秋

## 일일삼추

하루가 삼 년 같다는 뜻으로, 몹시 애태우며 기다림을 이르는 말이에요.

### 실생활 적용 예시문

합격 통지서를 기다리는 것이 일일삼추 같아.

| 一 | 一 | | | | |
|---|---|---|---|---|---|
| 한 **일** | 一 | | | | |
| 日 | 日 | | | | |
| 날 **일** | 丨 冂 月 日 | | | | |
| 三 | 三 | | | | |
| 석 **삼** | 一 二 三 | | | | |
| 秋 | 秋 | | | | |
| 가을 **추** | 丿 二 千 禾 利 秒 秋 | | | | |

# 一場春夢

## 일장춘몽

한바탕의 봄꿈이라는 뜻으로, 헛된 영화나 덧없는 일을 비유적으로 이르는 말이에요.

### 실생활 적용 예시문

참말로 세월이 일장춘몽이야.

| 一 | 一 | | | | |
|---|---|---|---|---|---|
| 한 **일** | 一 | | | | |
| 場 | 場 | | | | |
| 마당 **장** | 一 圵 圹 坍 坥 場 場 | | | | |
| 春 | 春 | | | | |
| 봄 **춘** | 一 二 三 丰 夫 表 春 春 | | | | |
| 夢 | 夢 | | | | |
| 꿈 **몽** | 一 丶 艹 苂 苗 苗 莔 莴 夢 夢 | | | | |

# 日就月將

## 일취월장

나날이 다달이 자라거나 발전함을 말해요.

### 실생활 적용 예시문

철수가 한번 마음을 먹고 공부에 전념하니 일취월장이야.

| 日 | 日 | | | | |
|---|---|---|---|---|---|
| 날 **일** | 丨 冂 月 日 | | | | |
| 就 | 就 | | | | |
| 나아갈 **취** | 一 古 亠 京 京 尌 就 就 | | | | |
| 月 | 月 | | | | |
| 달 **월** | 丿 刀 月 月 | | | | |
| 將 | 將 | | | | |
| 장차, 장수 **장** | 丨 丬 爿 爿 护 护 护 將 將 | | | | |

# 一筆揮之

## 일 필 휘 지

글씨를 단숨에 죽 내리 씀을 말해요.

**실생활 적용 예시문**

할아버지는 일필휘지로 적으셨다.

| | 一 | | | | |
|---|---|---|---|---|---|
| 한 일 | 一 | | | | |
| 筆 | 筆 | | | | |
| 붓 필 | ノ ト ト ケ ケ ケ ケ 等 等 筆 | | | | |
| 揮 | 揮 | | | | |
| 휘두를 휘 | 一 十 扌 扌 扩 扩 押 捐 捏 揮 | | | | |
| 之 | 之 | | | | |
| 갈 지 | 丶 ㇇ 之 | | | | |

# 自家撞着

## 자 가 당 착

같은 사람의 말이나 행동이 앞뒤가 서로 맞지 아니하고 모순됨을 말해요.

**실생활 적용 예시문**

이 글은 처음의 주장을 부인하는 자가당착에 빠졌다.

| | 自 | | | | |
|---|---|---|---|---|---|
| 스스로 자 | ノ 亻 个 自 自 自 | | | | |
| 家 | 家 | | | | |
| 집 가 | 丶 宀 宀 宀 宇 宇 家 家 | | | | |
| 撞 | 撞 | | | | |
| 칠 당 | 一 十 扌 扌 扩 扩 护 挦 撞 撞 撞 | | | | |
| 着 | 着 | | | | |
| 붙을 착 | 丷 䒑 羊 差 着 着 着 | | | | |

# 自繩自縛

## 자 승 자 박

자기의 줄로 자기 몸을 옭아 묶는다는 뜻으로, 자기가 한 말과 행동에 자기 자신이 옭혀 곤란하게 됨을 비유적으로 이르는 말이에요.

**실생활 적용 예시문**

현수의 선택은 자승자박이다.

| | 自 | | | | |
|---|---|---|---|---|---|
| 스스로 자 | ノ 亻 个 自 自 自 | | | | |
| 繩 | 繩 | | | | |
| 노끈 승 | 幺 幺 糸 糹 糿 細 綱 綱 綳 繩 繩 | | | | |
| 自 | 自 | | | | |
| 스스로 자 | ノ 亻 个 自 自 自 | | | | |
| 縛 | 縛 | | | | |
| 얽을 박 | 幺 糸 糸 紆 紳 綁 綁 綁 縛 縛 | | | | |

ㅈ

# 自畫自讚

## 자 화 자 찬

자기가 그린 그림을 스스로 칭찬한다는 뜻으로, 자기가 한 일을 스스로 자랑함을 이르는 말이에요.

### 실생활 적용 예시문

자화자찬처럼 들리겠지만 이 작품은 내가 심혈을 기울인 거야.

| 自 | 自 | | | | |
|---|---|---|---|---|---|
| 스스로 자 | ´ ⼁ ⼁ 自 自 自 | | | | |
| 畫 | 畫 | | | | |
| 그림 화 | ⼁ ⼀ ⼁ ⼁ 書 書 書 書 書 書 畫 | | | | |
| 自 | 自 | | | | |
| 스스로 자 | ´ ⼁ ⼁ 自 自 自 | | | | |
| 讚 | 讚 | | | | |
| 기릴 찬 | ⼀ ⼁ ⼁ ⼁ 詣 詣 詣 詣 詣 譛 讚 讚 | | | | |

# 張三李四

## 장 삼 이 사

장씨(張氏)의 셋째 아들과 이씨(李氏)의 넷째 아들이라는 뜻으로, 이름이나 신분이 특별하지 아니한 평범한 사람들을 이르는 말이에요.

### 실생활 적용 예시문

평화로운 시대에 태어났더라면 장삼이사로 조용하게 살았을 거야.

| 張 | 張 | | | | |
|---|---|---|---|---|---|
| 베풀 장 | ´ ⼁ ⼁ 引 严 張 張 | | | | |
| 三 | 三 | | | | |
| 석 삼 | ⼀ ⼀ 三 | | | | |
| 李 | 李 | | | | |
| 오얏 이 | ⼀ ⼗ ⼗ 木 本 李 李 | | | | |
| 四 | 四 | | | | |
| 넉 사 | ⼁ ⼁ 冂 四 四 | | | | |

# 賊反荷杖

## 적 반 하 장

도둑이 도리어 매를 든다는 뜻으로, 잘못한 사람이 아무 잘못도 없는 사람을 나무람을 이르는 말이에요.

### 실생활 적용 예시문

적반하장도 유분수지.

| 賊 | 賊 | | | | |
|---|---|---|---|---|---|
| 도둑 적 | ⼁ ⺆ ⺆ 貯 賍 賊 賊 | | | | |
| 反 | 反 | | | | |
| 돌이킬 반 | ⼀ ⼁ ⼁ 反 | | | | |
| 荷 | 荷 | | | | |
| 멜 하 | ⼀ ⼁ ⺮ ⺡ ⺡ 荷 荷 荷 | | | | |
| 杖 | 杖 | | | | |
| 지팡이 장 | ⼀ ⼗ 木 ⽊ 杖 杖 | | | | |

# 赤手空拳

## 적수공권

맨손과 맨주먹이라는 뜻으로, 아무것도 가진 것이 없음을 이르는 말이에요.

### 실생활 적용 예시문

칼도 아니 든 적수공권인 빈주먹이야.

| 赤 붉을 적 | 赤 | | | | |
|---|---|---|---|---|---|
| 一十土ナ方亦赤 | | | | | |
| 手 손 수 | 手 | | | | |
| ノ二三手 | | | | | |
| 空 빌 공 | 空 | | | | |
| ハウウ空空空空 | | | | | |
| 拳 주먹 권 | 拳 | | | | |
| ハ二些失失券拳 | | | | | |

# 戰戰兢兢

## 전전긍긍

몹시 두려워서 벌벌 떨며 조심함을 말해요.

### 실생활 적용 예시문

전전긍긍 애쓰지 말고 나에게 말해 봐.

| 戰 싸움 전 | 戰 | | | | |
|---|---|---|---|---|---|
| ハ꼭ワ門單單戰戰 | | | | | |
| 戰 싸움 전 | 戰 | | | | |
| ハ꼭ワ門單單戰戰 | | | | | |
| 兢 떨릴 긍 | 兢 | | | | |
| 一十立亨兢兢兢兢 | | | | | |
| 兢 떨릴 긍 | 兢 | | | | |
| 一十立亨兢兢兢兢 | | | | | |

# 轉禍爲福

## 전화위복

재앙과 근심, 걱정이 바뀌어 오히려 복이 됨을 말해요.

### 실생활 적용 예시문

현재의 어려움을 전화위복의 계기로 삼으렴.

| 轉 구를 전 | 轉 | | | | |
|---|---|---|---|---|---|
| 一百百亘車輔輔軸軸轉轉 | | | | | |
| 禍 재앙 화 | 禍 | | | | |
| 二千禾利和禍禍 | | | | | |
| 爲 할 위 | 爲 | | | | |
| 一ハ厂产产爲爲爲 | | | | | |
| 福 복 복 | 福 | | | | |
| 二千禾利和福福福福 | | | | | |

# 漸入佳境

## 점입가경

들어갈수록 점점 재미가 있음을 뜻해요.

### 실생활 적용 예시문

설악산은 안으로 깊이 들어갈수록 그 멋이 점입가경이다.

| 漸 | 漸 | | | |
|---|---|---|---|---|
| 점점, 적실 점 | 氵汙汀汀沺漸漸 | | | |
| 入 | 入 | | | |
| 들 입 | 丿入 | | | |
| 佳 | 佳 | | | |
| 아름다울 가 | 亻亻佇件件佳佳 | | | |
| 境 | 境 | | | |
| 지경 경 | 土圹圹圹培境境 | | | |

# 切齒腐心

## 절치부심

몹시 분하여 이를 갈며 속을 썩인다는 뜻이에요.

### 실생활 적용 예시문

3년 동안 절치부심하여 새로운 앨범을 발표했어요.

| 切 | 切 | | | |
|---|---|---|---|---|
| 끊을 절 | 一七切切 | | | |
| 齒 | 齒 | | | |
| 이 치 | 止屵屵歨崗崗齒齒 | | | |
| 腐 | 腐 | | | |
| 썩을 부 | 广广庐府府腐腐 | | | |
| 心 | 心 | | | |
| 마음 심 | 丶心心心 | | | |

# 頂門一鍼

## 정문일침

정수리에 침을 놓는다는 뜻으로, 따끔한 충고나 교훈을 이르는 말이에요.

### 실생활 적용 예시문

스승님이 정문일침을 가하는 꿈을 꾸었어.

| 頂 | 頂 | | | |
|---|---|---|---|---|
| 정수리 정 | 一丁下顶顶顶頂頂 | | | |
| 門 | 門 | | | |
| 문 문 | 丨丨门门門門 | | | |
| 一 | 一 | | | |
| 한 일 | 一 | | | |
| 鍼 | 鍼 | | | |
| 침 침 | 丿𠂉仁𠂤金釒釘鈼鍼鍼鍼 | | | |

# 井底之蛙

## 정저지와

우물 안의 개구리. 식견이 좁거나 편견에 사로잡혀 세상이 넓은 줄을 모르는 사람을 비유하는 말이에요.

### 실생활 적용 예시문

생각하는 모양새가 꼭 정저지와 같구나.

| 井 | 井 | | | | |
|---|---|---|---|---|---|
| 우물 **정** | 一 二 丁 井 | | | | |
| 底 | 底 | | | | |
| 밑 **저** | 一 广 广 庐 庐 底 底 | | | | |
| 之 | 之 | | | | |
| 갈 **지** | 丶 ヮ 之 | | | | |
| 蛙 | 蛙 | | | | |
| 개구리 **와** | 口 中 虫 虹 虾 虾 蛀 蛙 蛙 | | | | |

# 糟糠之妻

## 조강지처

지게미와 쌀겨로 끼니를 이을 때의 아내라는 뜻으로, 몹시 가난하고 천할 때에 고생을 함께 겪어 온 아내를 이르는 말이에요.

### 실생활 적용 예시문

고생을 함께한 조강지처는 버릴 수 없는 법이다.

| 糟 | 糟 | | | | |
|---|---|---|---|---|---|
| 지게미 **조** | 丷 ⺊ ⺀ 半 米 米 料 粩 糟 糟 糟 糟 | | | | |
| 糠 | 糠 | | | | |
| 겨 **강** | 丷 ⺊ ⺀ 半 米 米 扩 扩 扩 枏 糠 糠 | | | | |
| 之 | 之 | | | | |
| 갈 **지** | 丶 ヮ 之 | | | | |
| 妻 | 妻 | | | | |
| 아내 **처** | 一 ㄱ ㅋ 丰 圭 妻 妻 妻 | | | | |

# 朝令暮改

## 조령모개

아침에 명령을 내렸다가 저녁에 다시 고친다는 뜻으로, 법령을 자꾸 고쳐서 갈피를 잡기가 어려움을 이르는 말이에요.

### 실생활 적용 예시문

입시 제도가 조령모개로 바뀌니 힘들어.

| 朝 | 朝 | | | | |
|---|---|---|---|---|---|
| 아침 **조** | 十 � 古 古 卓 朝 朝 朝 | | | | |
| 令 | 令 | | | | |
| 하여금 **령** | 丿 人 亼 今 令 | | | | |
| 暮 | 暮 | | | | |
| 저물 **모** | 一 十 艹 芇 莒 莒 莫 莫 莫 暮 | | | | |
| 改 | 改 | | | | |
| 고칠 **개** | ㇇ ㄱ ㄹ 己 改 改 改 | | | | |

# 朝三暮四

## 조삼모사

아침에 세 개, 저녁에 네 개라는 뜻으로, 간사한 꾀로 남을 속여 희롱함을 이르는 말이에요.

### 실생활 적용 예시문

정책 개편안이 조삼모사라는 평가를 받았어요.

| 朝 | 朝 | | | | |
|---|---|---|---|---|---|
| 아침 조 | 十 古 古 卓 朝 朝 朝 | | | | |
| 三 | 三 | | | | |
| 석 삼 | 一 二 三 | | | | |
| 暮 | 暮 | | | | |
| 저물 모 | 一 艹 芍 苩 莒 萛 莫 莫 莫 暮 | | | | |
| 四 | 四 | | | | |
| 넉 사 | 丨 冂 冈 四 四 | | | | |

# 左顧右眄

## 좌고우면

이쪽저쪽을 돌아본다는 뜻으로, 앞뒤를 재고 망설임을 이르는 말이에요.

### 실생활 적용 예시문

좌고우면에서 벗어나 결단으로 한 길을 택하렴.

| 左 | 左 | | | | |
|---|---|---|---|---|---|
| 왼 좌 | 一 ナ 𠂇 左 左 | | | | |
| 顧 | 顧 | | | | |
| 돌아볼 고 | ` ` 戶 戶 户 雇 雇 雇 顧 顧 顧 | | | | |
| 右 | 右 | | | | |
| 오른쪽 우 | ノ ナ 才 右 右 | | | | |
| 眄 | 眄 | | | | |
| 곁눈질할 면 | 丨 冂 目 盯 盯 眄 眄 | | | | |

# 坐不安席

## 좌불안석

앉아도 자리가 편안하지 않다는 뜻으로, 마음이 불안하거나 걱정스러워서 가만히 앉아 있지 못하고 안절부절못하는 모양을 말해요.

### 실생활 적용 예시문

나의 하루하루는 바늘방석에 앉은 것 같은 좌불안석이었다.

| 坐 | 坐 | | | | |
|---|---|---|---|---|---|
| 앉을 좌 | ノ 𠆢 𠆢 𠅇 𠈌 坐 坐 | | | | |
| 不 | 不 | | | | |
| 아닐 불 | 一 ナ 丆 不 | | | | |
| 安 | 安 | | | | |
| 편안 안 | ` ` 宀 宀 安 安 | | | | |
| 席 | 席 | | | | |
| 자리 석 | 亠 广 广 产 产 庐 席 | | | | |

# 左之右之

## 좌지우지

이리저리 제 마음대로 휘두르거나 다룸을 말해요.

**실생활 적용 예시문**

대장은 게임을 좌지우지해요.

| 한자 | 훈음 | 필순 |
|---|---|---|
| 左 | 왼 좌 | 一 ナ 𠂇 左 左 |
| 之 | 갈 지 | 丶 ㇇ 之 |
| 右 | 오른쪽 우 | ノ ナ 𠂇 右 右 |
| 之 | 갈 지 | 丶 ㇇ 之 |

# 主客顚倒

## 주객전도

주인과 손의 위치가 서로 뒤바뀐다는 뜻으로, 사물의 경중 · 선후 · 완급 따위가 서로 뒤바뀜을 이르는 말이에요.

**실생활 적용 예시문**

주객전도라더니 위로를 받아야 할 분이 위로를 하네요.

| 한자 | 훈음 | 필순 |
|---|---|---|
| 主 | 임금, 주인 주 | 丶 亠 亠 主 主 |
| 客 | 손 객 | 丶 丷 宀 宀 灾 安 客 |
| 顚 | 엎드러질 전 | 一 匕 旨 旨 直 眞 眞 顚 顚 顚 |
| 倒 | 넘어질 도 | ノ 亻 亻 仵 侄 侄 倒 |

# 走馬加鞭

## 주마가편

달리는 말에 채찍질한다는 뜻으로, 잘하는 사람을 더욱 장려함을 이르는 말이에요.

**실생활 적용 예시문**

'박차를 가한다' 는 말은 주마가편과 같은 뜻을 가졌어.

| 한자 | 훈음 | 필순 |
|---|---|---|
| 走 | 달릴 주 | 十 土 土 丰 走 走 |
| 馬 | 말 마 | 丨 厂 F 馬 馬 馬 |
| 加 | 더할 가 | ㇇ 力 加 加 加 |
| 鞭 | 채찍 편 | 一 廾 廾 苫 革 革 鞘 鞘 鞭 鞭 鞭 鞭 |

# 走馬看山

## 주마간산

말을 타고 달리며 산천을 구경한다는 뜻으로, 자세히 살피지 아니하고 대충대충 보고 지나감을 이르는 말이에요.

**실생활 적용 예시문**

대부분의 관광객은 주마간산으로 지나친다.

| 走 | 走 | | | | |
|---|---|---|---|---|---|
| 달릴 주 | 十 土 キ キ 走 走 | | | | |
| 馬 | 馬 | | | | |
| 말 마 | 丨 厂 丆 丏 馬 馬 | | | | |
| 看 | 看 | | | | |
| 볼 간 | 二 チ 禾 看 看 看 看 | | | | |
| 山 | 山 | | | | |
| 메 산 | 丨 山 山 | | | | |

# 酒池肉林

## 주지육림

술로 연못을 이루고 고기로 숲을 이룬다는 뜻으로, 호사스러운 술잔치를 이르는 말이에요.

**실생활 적용 예시문**

원님은 날마다 주지육림에 풍악과 잔치로 보낸답니다.

| 酒 | 酒 | | | | |
|---|---|---|---|---|---|
| 술 주 | 氵 氵 氵 沔 洒 酒 酒 酒 | | | | |
| 池 | 池 | | | | |
| 못 지 | 丶 氵 氵 沪 沌 池 | | | | |
| 肉 | 肉 | | | | |
| 고기 육 | 丨 冂 内 内 肉 肉 | | | | |
| 林 | 林 | | | | |
| 수풀 림 | 十 オ 木 木 村 村 林 | | | | |

# 竹馬故友

## 죽마고우

대말을 타고 놀던 벗이라는 뜻으로, 어릴 때부터 같이 놀며 자란 벗을 말해요.

**실생활 적용 예시문**

죽마고우인 그 둘은 이제 습관까지 닮아 간다.

| 竹 | 竹 | | | | |
|---|---|---|---|---|---|
| 대 죽 | 丿 亻 仁 什 竹 竹 | | | | |
| 馬 | 馬 | | | | |
| 말 마 | 丨 厂 丆 丏 馬 馬 | | | | |
| 故 | 故 | | | | |
| 연고 고 | 一 十 古 古 古 扩 故 故 | | | | |
| 友 | 友 | | | | |
| 벗 우 | 一 ナ 方 友 | | | | |

# 竹杖芒鞋

## 죽장망혜

대지팡이와 짚신이란 뜻으로, 먼 길을 떠날 때의 아주 간편한 차림새를 이르는 말이에요.

**실생활 적용 예시문**

죽장망혜 빈손으로 향산을 찾아갑니다.

| | | | | | |
|---|---|---|---|---|---|
| 竹 | 竹 | | | | |
| 대 죽 | 丿 𠂉 亇 竹 竹 竹 | | | | |
| 杖 | 杖 | | | | |
| 지팡이 장 | 一 十 才 木 木 杖 杖 | | | | |
| 芒 | 芒 | | | | |
| 까끄라기 망 | 一 十 艹 艹 芒 芒 | | | | |
| 鞋 | 鞋 | | | | |
| 신 혜 | 一 廿 廿 苩 苣 革 鞋 鞋 鞋 | | | | |

# 衆寡不敵

## 중과부적

적은 수효로 많은 수효를 대적하지 못함을 말해요.

**실생활 적용 예시문**

군민이 힘을 합했으나 중과부적으로 적에게 쫓기고 말았다.

| | | | | | |
|---|---|---|---|---|---|
| 衆 | 衆 | | | | |
| 무리 중 | ′ 𠂊 血 血 衆 衆 衆 | | | | |
| 寡 | 寡 | | | | |
| 적을 과 | 丶 宀 宀 宀 宀 宵 宵 宣 寅 寡 寡 | | | | |
| 不 | 不 | | | | |
| 아닐 부 | 一 ア 不 不 | | | | |
| 敵 | 敵 | | | | |
| 대적할 적 | 亠 亠 产 产 啇 啇 啇 敵 敵 敵 | | | | |

# 衆口難防

## 중구난방

뭇사람의 말을 막기가 어렵다는 뜻으로, 막기 어려울 정도로 여럿이 마구 지껄임을 이르는 말이에요.

**실생활 적용 예시문**

각각 여러 패로 나누어져 의견이 중구난방이다.

| | | | | | |
|---|---|---|---|---|---|
| 衆 | 衆 | | | | |
| 무리 중 | ′ 𠂊 血 血 衆 衆 衆 | | | | |
| 口 | 口 | | | | |
| 입 구 | 丨 冂 口 | | | | |
| 難 | 難 | | | | |
| 어려울 난 | 一 廿 廿 苩 苣 葟 堇 𡋣 歎 難 難 難 | | | | |
| 防 | 防 | | | | |
| 막을 방 | 7 3 阝 阝 阝 防 防 | | | | |

# 重言復言

## 중언부언

이미 한 말을 자꾸 되풀이함. 또는 그런 말을 뜻해요.

### 실생활 적용 예시문

너답지 않게 중언부언이냐?

| | 重 | | | | |
|---|---|---|---|---|---|
| 무거울 중 | `´一⺊亡盲盲重重` | | | | |
| 言 | 言 | | | | |
| 말씀 언 | ``亠亠言言言言` | | | | |
| 復 | 復 | | | | |
| 다시 부 | `´彳彳彳彳何彳复復` | | | | |
| 言 | 言 | | | | |
| 말씀 언 | ``亠亠言言言言` | | | | |

---

# 中原逐鹿

## 중원축록

넓은 들판 한가운데서 사슴을 쫓는다는 뜻으로, 군웅이 제왕의 지위를 얻으려고 다투는 일을 이르는 말이에요.

### 실생활 적용 예시문

올해는 세계시장의 주도권을 놓고 치열한 다툼을 벌이는 중원축록의 해가 될 거야.

| | 中 | | | | |
|---|---|---|---|---|---|
| 가운데 중 | `丨口口中` | | | | |
| 原 | 原 | | | | |
| 언덕 원 | `一厂厂厂厉原原原` | | | | |
| 逐 | 逐 | | | | |
| 쫓을 축 | `一丆丆豕豕豕逐逐` | | | | |
| 鹿 | 鹿 | | | | |
| 사슴 록 | `一广户户户鹿鹿鹿` | | | | |

---

# 指鹿爲馬

## 지록위마

윗사람을 농락하여 권세를 마음대로 함을 이르는 말이에요.

### 실생활 적용 예시문

진나라 환관 조고는 지록위마의 고사를 남겼다.

| | 指 | | | | |
|---|---|---|---|---|---|
| 가리킬 지 | `一扌扌扩扩指指指` | | | | |
| 鹿 | 鹿 | | | | |
| 사슴 록 | `一广户户户鹿鹿鹿` | | | | |
| 爲 | 爲 | | | | |
| 할 위 | `´亇亇亇亇爲爲爲` | | | | |
| 馬 | 馬 | | | | |
| 말 마 | `丨厂厂厍馬馬` | | | | |

## 支離滅裂

### 지리멸렬

이리저리 흩어지고 찢기어 갈피를 잡을 수 없음을 말해요.

**실생활 적용 예시문**

사명감이 없는 사람은 단 하루도 견디지 못할 만큼 지리멸렬 상태였죠.

| 支 | 支 | | | | |
|---|---|---|---|---|---|
| 지탱할 지 | 一 十 ナ 支 | | | | |
| 離 | 離 | | | | |
| 떠날 리 | 亠 亠 产 产 离 离 离 離 離 離 | | | | |
| 滅 | 滅 | | | | |
| 꺼질 멸 | 氵 氵 汀 汀 沪 沪 波 減 滅 滅 | | | | |
| 裂 | 裂 | | | | |
| 찢을 렬 | 一 ゔ 歹 列 列 列 裂 裂 裂 | | | | |

## 進退維谷

### 진퇴유곡

이러지도 저러지도 못하고 꼼짝할 수 없는 궁지를 뜻해요.

**실생활 적용 예시문**

왜적들은 진퇴유곡에 빠졌다.

| 進 | 進 | | | | |
|---|---|---|---|---|---|
| 나아갈 진 | 亻 亻 仟 作 隹 谁 進 | | | | |
| 退 | 退 | | | | |
| 물러날 퇴 | 기 긔 尸 艮 艮 退 退 | | | | |
| 維 | 維 | | | | |
| 벼리 유 | 幺 幺 糸 糸 糽 糽 維 維 維 | | | | |
| 谷 | 谷 | | | | |
| 골 곡 | 丷 ハ グ 父 父 谷 谷 | | | | |

## 嫉逐排斥

### 질축배척

시기하고 미워하여 물리침을 뜻해요.

**실생활 적용 예시문**

질축배척이 심하면 좋은 이웃이 될 수 없어.

| 嫉 | 嫉 | | | | |
|---|---|---|---|---|---|
| 미워할 질 | 乀 女 女 女 妒 妒 娇 娇 嫉 嫉 | | | | |
| 逐 | 逐 | | | | |
| 쫓을 축 | 一 丁 豸 豕 逐 逐 逐 | | | | |
| 排 | 排 | | | | |
| 밀칠 배 | 一 扌 扌 扫 抖 排 排 | | | | |
| 斥 | 斥 | | | | |
| 물리칠 척 | 一 厂 斤 斥 斥 | | | | |

# 此日彼日

## 차일피일

이날 저 날 하고 자꾸 기한을 미루는 모양을 뜻해요.

**실생활 적용 예시문**

차일피일 지내다 보니 어느새 시험을 보는 날이 되었다.

| 此 | 此 | | | |
|---|---|---|---|---|
| 이 차 | ㅣ ㅏ ㅗ 止 此 此 | | | |
| 日 | 日 | | | |
| 날 일 | ㅣ 冂 日 日 | | | |
| 彼 | 彼 | | | |
| 저 피 | ㇒ ㇒ 彳 犭 彷 彼 彼 | | | |
| 日 | 日 | | | |
| 날 일 | ㅣ 冂 日 日 | | | |

# 滄海一粟

## 창 해 일 속

넓고 큰 바닷속의 좁쌀 한 알이라는 뜻으로, 아주 많거나 넓은 것 가운데 있는 매우 하찮고 작은 것을 이르는 말이에요.

**실생활 적용 예시문**

지구도 우주에 비하면 창해일속만도 못하다.

| 滄 | 滄 | | | |
|---|---|---|---|---|
| 큰 바다 창 | 氵 氵 汁 汄 汾 汾 渢 渢 滄 滄 | | | |
| 海 | 海 | | | |
| 바다 해 | 丶 氵 汇 洰 海 海 海 | | | |
| 一 | 一 | | | |
| 한 일 | 一 | | | |
| 粟 | 粟 | | | |
| 조 속 | ㄲ 两 西 覀 覂 粟 粟 粟 | | | |

# 天高馬肥

## 천 고 마 비

하늘이 높고 말이 살찐다는 뜻으로, 하늘이 맑아 높푸르게 보이고 온갖 곡식이 익는 가을철을 이르는 말이에요.

**실생활 적용 예시문**

가을은 천고마비의 계절이다.

| 天 | 天 | | | |
|---|---|---|---|---|
| 하늘 천 | 一 二 チ 天 | | | |
| 高 | 高 | | | |
| 높을 고 | 丶 亠 肀 肀 高 高 高 | | | |
| 馬 | 馬 | | | |
| 말 마 | ㅣ 厂 厍 馬 馬 馬 | | | |
| 肥 | 肥 | | | |
| 살찔 비 | 刀 刀 月 月 肌 肥 肥 | | | |

# 天方地軸

## 천방지축

못난 사람이 종작없이 덤벙이는 일을 말해요.

### 실생활 적용 예시문

그전에는 천방지축 어린 나이였고 이제는 감수성이 풍부해요.

| 天 | 天 | | | | |
|---|---|---|---|---|---|
| 하늘 천 | `一 二 千 天` | | | | |
| 方 | 方 | | | | |
| 모 방 | `丶 一 亠 方` | | | | |
| 地 | 地 | | | | |
| 땅 지 | `一 十 土 圵 地 地` | | | | |
| 軸 | 軸 | | | | |
| 굴대 축 | `一 ㄇ 戸 亘 車 軒 軒 軸 軸` | | | | |

# 泉石膏肓

## 천석고황

자연의 아름다운 경치를 몹시 사랑하고 즐기는 게 마치 불치병에 걸린 것 같다는 뜻이에요.

### 실생활 적용 예시문

정철의 관동별곡에 천석고황이 나와요.

| 泉 | 泉 | | | | |
|---|---|---|---|---|---|
| 샘 천 | `丶 白 白 白 皁 身 泉` | | | | |
| 石 | 石 | | | | |
| 돌 석 | `一 プ ズ 石 石` | | | | |
| 膏 | 膏 | | | | |
| 기름 고 | `丶 亠 白 卨 高 膏 膏` | | | | |
| 肓 | 肓 | | | | |
| 명치끝 황 | `丶 亠 亡 宀 肓 肓` | | | | |

# 天衣無縫

## 천의무봉

천사의 옷은 꿰맨 흔적이 없다는 뜻으로, 일부러 꾸민 데 없이 자연스럽고 아름다우면서 완전함을 이르는 말이에요.

### 실생활 적용 예시문

이곳은 꾸밈이 없는 천의무봉의 화원이다.

| 天 | 天 | | | | |
|---|---|---|---|---|---|
| 하늘 천 | `一 二 千 天` | | | | |
| 衣 | 衣 | | | | |
| 옷 의 | `丶 一 ナ 才 才 衣` | | | | |
| 無 | 無 | | | | |
| 없을 무 | `丿 二 無 無 無 無` | | | | |
| 縫 | 縫 | | | | |
| 꿰맬 봉 | `ㄥ 幺 糸 糸 糸 約 終 終 絳 縫 縫` | | | | |

# 千仞斷崖

## 천인단애

천 길이나 되는 높은 낭떠러지를 말해요.

### 실생활 적용 예시문

발밑은 천인단애 황천 계곡에 단풍이 붉다.

| 千 | 千 | | | | |
|---|---|---|---|---|---|
| 일천 천 | ´ 二千 | | | | |
| 仞 | 仞 | | | | |
| 길 인 | ノ 亻 仞 仞 仞 | | | | |
| 斷 | 斷 | | | | |
| 끊을 단 | ´ 纟 纟 籰 酆 斷 斷 | | | | |
| 崖 | 崖 | | | | |
| 언덕 애 | ' 屮 山 广 岸 岸 岸 崖 崖 | | | | |

# 千紫萬紅

## 천자만홍

울긋불긋한 여러 가지 꽃의 빛깔. 또는 그런 빛깔의 꽃을 말해요.

### 실생활 적용 예시문

천자만홍 고운 꽃이 봄바람과 춤을 추는 것 같다.

| 千 | 千 | | | | |
|---|---|---|---|---|---|
| 일천 천 | ´ 二千 | | | | |
| 紫 | 紫 | | | | |
| 자줏빛 자 | ' ト 止 此 此 毕 紫 紫 紫 | | | | |
| 萬 | 萬 | | | | |
| 일만 만 | ´ 艹 艹 苩 莒 萬 萬 萬 | | | | |
| 紅 | 紅 | | | | |
| 붉을 홍 | ' 纟 牟 糸 糸 紅 紅 | | | | |

# 千載一遇

## 천재일우

천 년 동안 단 한 번 만난다는 뜻으로, 좀처럼 만나기 어려운 좋은 기회를 이르는 말이에요.

### 실생활 적용 예시문

천재일우의 시기를 맞이하다.

| 千 | 千 | | | | |
|---|---|---|---|---|---|
| 일천 천 | ´ 二千 | | | | |
| 載 | 載 | | | | |
| 실을 재 | 一 十 土 吉 喜 車 載 載 載 | | | | |
| 一 | 一 | | | | |
| 한 일 | 一 | | | | |
| 遇 | 遇 | | | | |
| 만날 우 | 甲 禺 禺 禺 遇 遇 | | | | |

# 徹頭徹尾

## 철두철미

처음부터 끝까지 철저하게를 뜻해요.

### 실생활 적용 예시문

그들은 철두철미하게 유교 정책을 받들어 믿을 것을 강요했다.

| 徹 | 徹 | | | | |
|---|---|---|---|---|---|
| 통할 철 | ´ ィ ィ ィ 徏 徏 徏 徏 徹 徹 | | | | |
| 頭 | 頭 | | | | |
| 머리 두 | ´ 口 豆 豇 頭 頭 頭 | | | | |
| 徹 | 徹 | | | | |
| 통할 철 | ´ ィ ィ ィ 徏 徏 徏 徏 徹 徹 | | | | |
| 尾 | 尾 | | | | |
| 꼬리 미 | ´ ㄱ �尸 尸 尸 尾 尾 | | | | |

# 徹天之寃

## 철천지원

하늘에 사무치는 크나큰 원한을 뜻해요.

### 실생활 적용 예시문

철천지원이나 용서하는 자가 진정한 승리자야.

| 徹 | 徹 | | | | |
|---|---|---|---|---|---|
| 통할 철 | ´ ィ ィ ィ 徏 徏 徏 徏 徹 徹 | | | | |
| 天 | 天 | | | | |
| 하늘 천 | ´ 二 ㄐ 天 | | | | |
| 之 | 之 | | | | |
| 갈 지 | ` ㇇ 之 | | | | |
| 寃 | 寃 | | | | |
| 원통할 원 | ` ´ �冖 宀 宀 宭 宗 寃 寃 | | | | |

# 青出於藍

## 청출어람

쪽에서 뽑아낸 푸른 물감이 쪽보다 더 푸르다는 뜻으로, 제자나 후배가 스승이나 선배보다 나음을 비유적으로 이르는 말이에요.

### 실생활 적용 예시문

청출어람이라더니, 이젠 네가 스승보다 낫구나.

| 青 | 青 | | | | |
|---|---|---|---|---|---|
| 푸를 청 | = キ キ 主 青 青 青 | | | | |
| 出 | 出 | | | | |
| 날 출 | ㅣ 屮 屮 出 出 | | | | |
| 於 | 於 | | | | |
| 어조사 어 | ´ ㇇ 方 方 於 於 於 | | | | |
| 藍 | 藍 | | | | |
| 쪽 람 | ´ ㅛ 艹 艹 艹 艹 藍 藍 藍 藍 藍 藍 | | | | |

# 寸鐵殺人

## 촌철살인

한 치의 쇠붙이로도 사람을 죽일 수 있다는 뜻으로, 간단한 말로도 남을 감동하게 하거나 남의 약점을 찌를 수 있음을 이르는 말이에요.

**실생활 적용 예시문**

해학과 유머 속에는 촌철살인의 비수가 숨어 있다.

| | |
|---|---|
| 寸 | 寸 |
| 마디 촌 | 一十寸 |
| 鐵 | 鐵 |
| 쇠 철 | 丿 𠂉 𠆢 今 全 金 金' 金𠂉 鉆 鉎 鐵 鐵 |
| 殺 | 殺 |
| 죽일 살 | 丿 乂 㐅 杀 杀 杀 杀' 杀𠘧 殺 殺 |
| 人 | 人 |
| 사람 인 | 丿 人 |

# 春雉自鳴

## 춘치자명

봄철의 꿩이 스스로 운다는 뜻으로, 제 허물을 스스로 드러냄으로써 남이 알게 된다는 말이에요.

**실생활 적용 예시문**

제 성깔을 주체 못 하고 춘치자명으로 내뱉고 말았다.

| | |
|---|---|
| 春 | 春 |
| 봄 춘 | 一 二 三 丰 夫 夫 春 春 春 |
| 雉 | 雉 |
| 꿩 치 | 丿 𠂉 𠂉 午 矢 矢' 矢' 矢𠂉 雉 雉 |
| 自 | 自 |
| 스스로 자 | ′ 亻 白 白 自 自 |
| 鳴 | 鳴 |
| 울 명 | 丨 口 口' 口𠂉 口白 鳴 鳴 |

# 醉生夢死

## 취생몽사

술에 취하여 자는 동안에 꾸는 꿈속에 살고 죽는다는 뜻으로, 한평생을 하는 일 없이 흐리멍덩하게 살아감을 비유적으로 이르는 말이에요.

**실생활 적용 예시문**

이태백이 취생몽사로 나날을 보냈다고 해.

| | |
|---|---|
| 醉 | 醉 |
| 취할 취 | 一 冂 丙 酉 酉' 酢 醉 |
| 生 | 生 |
| 날 생 | 丿 𠂉 㐅 牛 生 |
| 夢 | 夢 |
| 꿈 몽 | 一 十 艹 艹 苗 苗 苎 夢 夢 夢 |
| 死 | 死 |
| 죽을 사 | 一 厂 歹 歹 歹' 死 |

# 七顚八起

## 칠전팔기

일곱 번 넘어지고 여덟 번 일어난다는 뜻으로, 여러 번 실패하여도 굴하지 아니하고 꾸준히 노력함을 이르는 말이에요.

### 실생활 적용 예시문

칠전팔기의 끈질긴 정신을 발휘하렴.

| 七 일곱 칠 | 七 | 一 七 | | | | | |
|---|---|---|---|---|---|---|---|
| 顚 엎드러질 전 | 顚 | ᄼ ᄽ ᄿ 目 直 眞 眞 斯 顚 顚 | | | | | |
| 八 여덟 팔 | 八 | ノ 八 | | | | | |
| 起 일어날 기 | 起 | 一 + キ 走 起 起 起 | | | | | |

# 七縱七擒

## 칠종칠금

마음대로 잡았다 놓아주었다 함을 이르는 말이에요.

### 실생활 적용 예시문

범인을 칠종칠금하는 경찰을 알고 있어.

| 七 일곱 칠 | 七 | 一 七 | | | | | |
|---|---|---|---|---|---|---|---|
| 縱 세로 종 | 縱 | ᄼ 糸 約 約 綧 綧 縱 | | | | | |
| 七 일곱 칠 | 七 | 一 七 | | | | | |
| 擒 사로잡을 금 | 擒 | 一 十 扌 扩 扲 扲 捨 捨 擒 擒 擒 | | | | | |

# 針小棒大

## 침소봉대

작은 일을 크게 불리어 떠벌림을 말해요.

### 실생활 적용 예시문

친구들이 침소봉대로 전하는 말을 들었어.

| 針 바늘 침 | 針 | ノ ᄼ 午 余 金 金 針 | | | | | |
|---|---|---|---|---|---|---|---|
| 小 작을 소 | 小 | ▎ 亅 小 小 | | | | | |
| 棒 막대 봉 | 棒 | 一 十 オ 朼 拌 拌 捧 棒 棒 | | | | | |
| 大 큰, 클 대 | 大 | 一 ナ 大 | | | | | |

# 他山之石

## 타산지석

다른 산의 나쁜 돌이라도 자신의 옥돌을 가는 데에 쓸 수 있다는 뜻으로, 하찮은 남의 말이나 행동도 자신의 인격을 수양하는 데 도움이 될 수 있음을 비유적으로 이르는 말이에요.

### 실생활 적용 예시문

지난 일은 타산지석으로 삼는 게 좋아.

| 他 | 他 | | | | |
|---|---|---|---|---|---|
| 다를 **타** | ノ 亻 仁 伷 他 | | | | |
| 山 | 山 | | | | |
| 메 **산** | 丨 屮 山 | | | | |
| 之 | 之 | | | | |
| 갈 **지** | 丶 ㇇ 之 | | | | |
| 石 | 石 | | | | |
| 돌 **석** | 一 ア 丆 石 石 | | | | |

# 卓上空論

## 탁상공론

현실성이 없는 허황한 이론이나 논의를 말해요.

### 실생활 적용 예시문

월요일은 회의를 탁상공론으로 끝냈어.

| 卓 | 卓 | | | | |
|---|---|---|---|---|---|
| 높을 **탁** | 丨 卜 占 占 皀 皁 卓 | | | | |
| 上 | 上 | | | | |
| 윗 **상** | 丨 ㇏ 上 | | | | |
| 空 | 空 | | | | |
| 빌 **공** | 丶 宀 宀 空 空 空 空 | | | | |
| 論 | 論 | | | | |
| 논할 **론** | 亠 言 言 診 診 論 論 論 | | | | |

# 貪官汚吏

## 탐관오리

백성의 재물을 탐내어 빼앗는, 행실이 깨끗하지 못한 관리를 말해요.

### 실생활 적용 예시문

탐관오리의 횡포가 심하다.

| 貪 | 貪 | | | | |
|---|---|---|---|---|---|
| 탐낼 **탐** | 人 今 今 含 含 貪 貪 | | | | |
| 官 | 官 | | | | |
| 벼슬 **관** | 丶 丶 宀 宀 宀 官 官 | | | | |
| 汚 | 汚 | | | | |
| 더러울 **오** | 丶 冫 氵 汙 汚 汚 | | | | |
| 吏 | 吏 | | | | |
| 벼슬아치 **리** | 一 口 吏 吏 | | | | |

# 泰山北斗

## 태산북두

태산과 북두칠성을 아울러 이르며, 세상 사람들로부터 존경받는 사람을 비유적으로 이르는 말이에요.

**실생활 적용 예시문**

학자들도 그를 태산북두라며 우러러보았다.

| 泰 | 泰 | | | | |
|---|---|---|---|---|---|
| 클 태 | 三 丰 夫 表 泰 泰 | | | | |
| 山 | 山 | | | | |
| 메 산 | ㅣ 屮 山 | | | | |
| 北 | 北 | | | | |
| 북녘 북 | ー ナ ォ ォ 北 | | | | |
| 斗 | 斗 | | | | |
| 말 두 | ` ` 三 斗 | | | | |

# 波瀾重疊

## 파란중첩

사람의 생활이나 일의 진행에 여러 가지 곤란이나 시련이 많음을 뜻해요.

**실생활 적용 예시문**

파란중첩한 생활이 나를 성숙하게 만들었어.

| 波 | 波 | | | | |
|---|---|---|---|---|---|
| 물결 파 | ` ` 氵 氵 沪 波 波 | | | | |
| 瀾 | 瀾 | | | | |
| 물결 란 | 氵 氵 沪 沪 門 門 潤 潤 瀾 瀾 瀾 | | | | |
| 重 | 重 | | | | |
| 무거울 중 | ー 二 台 台 重 重 重 | | | | |
| 疊 | 疊 | | | | |
| 거듭 첩 | ㅣ 冂 冂 田 田 品 晶 㬎 畾 畳 疊 | | | | |

# 破顔大笑

## 파안대소

매우 즐거운 표정으로 활짝 웃음을 뜻해요.

**실생활 적용 예시문**

부모님의 파안대소를 오랜만에 보았어.

| 破 | 破 | | | | |
|---|---|---|---|---|---|
| 깨뜨릴 파 | 丁 石 矿 矿 砂 破 破 | | | | |
| 顔 | 顔 | | | | |
| 낯 안 | 亠 立 立 产 彦 彦 颜 顔 顔 | | | | |
| 大 | 大 | | | | |
| 큰, 클 대 | ー ナ 大 | | | | |
| 笑 | 笑 | | | | |
| 웃음 소 | ノ ⺊ ⺮ 竺 竺 竺 笑 笑 | | | | |

## 破竹之勢

### 파죽지세

대를 쪼개는 기세라는 뜻으로, 적을 거침없이 물리치고 쳐들어가는 기세를 이르는 말이에요.

**실생활 적용 예시문**

아군은 파죽지세로 적군을 이 땅에서 몰아냈다.

| 破 | 破 | | | | | |
|---|---|---|---|---|---|---|
| 깨뜨릴 파 | 丆 石 刷 矿 矿 破 破 | | | | | |
| 竹 | 竹 | | | | | |
| 대 죽 | 丿 丿 丿 丿 丿 竹 竹 | | | | | |
| 之 | 之 | | | | | |
| 갈 지 | 丶 ㇇ 之 | | | | | |
| 勢 | 勢 | | | | | |
| 형세 세 | 一 十 土 坴 坴 刲 執 埶 勢 勢 | | | | | |

## 弊袍破笠

### 폐포파립

해어진 옷과 부서진 갓이란 뜻으로, 초라한 차림새를 비유적으로 이르는 말이에요.

**실생활 적용 예시문**

이몽룡은 폐포파립의 행색을 하고 남원으로 내려왔다.

| 弊 | 弊 | | | | | |
|---|---|---|---|---|---|---|
| 폐단 폐 | 小 内 肖 附 敝 敝 弊 | | | | | |
| 袍 | 袍 | | | | | |
| 도포 포 | 丶 ㇇ 衤 衤 衤 袒 袍 袍 | | | | | |
| 破 | 破 | | | | | |
| 깨뜨릴 파 | 丆 石 刷 矿 矿 破 破 | | | | | |
| 笠 | 笠 | | | | | |
| 삿갓 립 | 丿 丿 丿 竹 竹 竹 竿 笠 笠 | | | | | |

## 抱腹絶倒

### 포복절도

배를 그러안고 넘어질 정도로 몹시 웃음을 말해요.

**실생활 적용 예시문**

그 책은 몇 페이지만 읽고도 포복절도할 지경이었다.

| 抱 | 抱 | | | | | |
|---|---|---|---|---|---|---|
| 안을 포 | 扌 扌 扌 扚 扚 拘 抱 | | | | | |
| 腹 | 腹 | | | | | |
| 배 복 | 月 月 肝 胪 腹 腹 腹 | | | | | |
| 絶 | 絶 | | | | | |
| 끊을 절 | 乀 幺 糸 糽 絡 絡 絕 絶 | | | | | |
| 倒 | 倒 | | | | | |
| 넘어질 도 | 丿 亻 亻 佟 佟 佟 倒 | | | | | |

# 風前燈火

## 풍전등화

바람 앞의 등불이라는 뜻으로, 사물이 매우 위태로운 처지에 놓여 있음을 비유적으로 이르는 말이에요.

### 실생활 적용 예시문

나라의 운명이 풍전등화와 같구나.

| 風 | 風 | | | | | |
|---|---|---|---|---|---|---|
| 바람 풍 | ノ 几 凡 凨 凬 風 風 | | | | | |
| 前 | 前 | | | | | |
| 앞 전 | 丶 丷 亠 亣 亣 前 前 前 | | | | | |
| 燈 | 燈 | | | | | |
| 등 등 | 丶 丶 火 火 灯 灯 炒 燃 燈 燈 燈 燈 | | | | | |
| 火 | 火 | | | | | |
| 불 화 | 丶 丷 少 火 | | | | | |

# 風餐露宿

## 풍찬노숙

바람을 먹고 이슬에 잠잔다는 뜻으로, 객지에서 많은 고생을 겪음을 이르는 말이에요.

### 실생활 적용 예시문

그동안 동가식서가숙하면서 풍찬노숙에 가까운 생활을 했어.

| 風 | 風 | | | | | |
|---|---|---|---|---|---|---|
| 바람 풍 | ノ 几 凡 凨 凬 風 風 | | | | | |
| 餐 | 餐 | | | | | |
| 밥 찬 | 丶 ト 厂 歺 夕 歺 癸 癸 餐 餐 餐 餐 | | | | | |
| 露 | 露 | | | | | |
| 이슬 노 | 一 宀 币 币 霄 雪 雫 露 露 露 露 露 | | | | | |
| 宿 | 宿 | | | | | |
| 잘 숙 | 丶 宀 宀 宁 宿 宿 宿 | | | | | |

# 匹夫匹婦

## 필부필부

평범한 남녀를 뜻해요.

### 실생활 적용 예시문

부모님은 필부필부로 만나 백년가약을 맺었다.

| 匹 | 匹 | | | | | |
|---|---|---|---|---|---|---|
| 짝 필 | 一 丆 兀 匹 | | | | | |
| 夫 | 夫 | | | | | |
| 지아비 부 | 一 二 夫 夫 | | | | | |
| 匹 | 匹 | | | | | |
| 짝 필 | 一 丆 兀 匹 | | | | | |
| 婦 | 婦 | | | | | |
| 며느리 부 | く 女 女 女 妒 妒 婦 婦 婦 | | | | | |

# 必有曲折

## 필유곡절

반드시 무슨 까닭이 있음을 뜻해요.

### 실생활 적용 예시문

설에도 고향에 안 오셨다면 필유곡절이 있었을 거예요.

| | | | | | |
|---|---|---|---|---|---|
| 必 반드시 필 | 必 `丶ノ必必` | | | | |
| 有 있을 유 | 有 `ノナ冇冇有有` | | | | |
| 曲 굽을 곡 | 曲 `丨冂曰由曲曲` | | | | |
| 折 꺾을 절 | 折 `一扌扌扌扩折折` | | | | |

# 下石上臺

## 하석상대

아랫돌 빼서 윗돌 괴고 윗돌 빼서 아랫돌 괸다는 뜻으로, 임시변통으로 이리저리 둘러맞춤을 이르는 말이에요.

### 실생활 적용 예시문

하석상대 처방은 오래가지 못해.

| | | | | | |
|---|---|---|---|---|---|
| 下 아래 하 | 下 `一丁下` | | | | |
| 石 돌 석 | 石 `一ブ丆石石` | | | | |
| 上 윗 상 | 上 `丨卜上` | | | | |
| 臺 대 대 | 臺 `一壴亳亳臺臺` | | | | |

# 鶴首苦待

## 학수고대

학의 목처럼 목을 길게 빼고 간절히 기다림을 뜻해요.

### 실생활 적용 예시문

친구들을 초대할 생일날을 학수고대 기다리곤 했었다.

| | | | | | |
|---|---|---|---|---|---|
| 鶴 학 학 | 鶴 `一ナオ产产隺雀雀雀'雀'鹤鹤鹤鶴鶴` | | | | |
| 首 머리 수 | 首 `丷丷丷丷丷首首` | | | | |
| 苦 쓸 고 | 苦 `一十丗丗丗丗苦苦` | | | | |
| 待 기다릴 대 | 待 `丿彳彳彳彳待待待` | | | | |

ㅎ

## 漢江投石

### 한강투석

한강에 돌 던지기라는 뜻으로, 지나치게 미미하여 아무런 효과를 미치지 못함을 이르는 말이에요.

**실생활 적용 예시문**

그 발상은 한강투석에 지나지 않아.

| 漢 | 漢 | | | | |
|---|---|---|---|---|---|
| 한수 한 | 氵 氵 氵 氵 浩 溝 潢 漢 漢 | | | | |
| 江 | 江 | | | | |
| 강 강 | 丶 丶 氵 氵 江 江 | | | | |
| 投 | 投 | | | | |
| 던질 투 | 一 扌 扌 扌 扩 投 投 | | | | |
| 石 | 石 | | | | |
| 돌 석 | 一 ナ 不 石 石 | | | | |

## 汗牛充棟

### 한우충동

짐으로 실으면 소가 땀을 흘리고, 쌓으면 들보에까지 찬다는 뜻으로, 가지고 있는 책이 매우 많음을 이르는 말이에요.

**실생활 적용 예시문**

할아버지는 한우충동의 서재를 가지고 있어.

| 汗 | 汗 | | | | |
|---|---|---|---|---|---|
| 땀 한 | 丶 丶 氵 氵 汗 汗 | | | | |
| 牛 | 牛 | | | | |
| 소 우 | 丿 亠 二 牛 | | | | |
| 充 | 充 | | | | |
| 채울 충 | 丶 亠 云 亣 充 | | | | |
| 棟 | 棟 | | | | |
| 마룻대 동 | 一 十 オ 木 栌 梀 桿 棟 棟 | | | | |

## 緘口無言

### 함구무언

입을 다물고 아무 말도 하지 아니한다는 뜻이에요.

**실생활 적용 예시문**

삼촌은 벙어리가 된 것처럼 함구무언이다.

| 緘 | 緘 | | | | |
|---|---|---|---|---|---|
| 봉할 함 | 丿 幺 糸 糹 約 紉 鈨 緘 緘 緘 | | | | |
| 口 | 口 | | | | |
| 입 구 | 丨 冂 口 | | | | |
| 無 | 無 | | | | |
| 없을 무 | 亽 二 無 無 無 無 | | | | |
| 言 | 言 | | | | |
| 말씀 언 | 丶 亠 亍 宁 言 言 言 | | | | |

# 含哺鼓腹

## 함포고복

잔뜩 먹고 배를 두드린다는 뜻으로, 먹을 것이 풍족하여 즐겁게 지냄을 이르는 말이에요.

### 실생활 적용 예시문

천하가 태평하니 그야말로 함포고복이네요.

| 含 | 含 | | | | |
|---|---|---|---|---|---|
| 머금을 함 | ノ 人 人 今 今 含 含 | | | | |
| 哺 | 哺 | | | | |
| 먹일 포 | ㅣ ㅁ ㅁ 听 哻 哺 哺 | | | | |
| 鼓 | 鼓 | | | | |
| 북 고 | 一 十 吉 責 壴 헐 鼓 | | | | |
| 腹 | 腹 | | | | |
| 배 복 | ノ 月 月 旷 胪 胪 腹 腹 | | | | |

# 咸興差使

## 함흥차사

심부름을 가서 오지 아니하거나 늦게 온 사람을 이르는 말이에요.

### 실생활 적용 예시문

심부름을 보낸 지가 언젠데 아직도 함흥차사인가.

| 咸 | 咸 | | | | |
|---|---|---|---|---|---|
| 다 함 | ノ 厂 厂 后 咸 咸 咸 | | | | |
| 興 | 興 | | | | |
| 일 흥 | ´ ′ ′ 旧 用 铜 鯏 觎 興 興 | | | | |
| 差 | 差 | | | | |
| 다를 차 | ´ ´´ 丷 羊 羊 差 差 差 | | | | |
| 使 | 使 | | | | |
| 하여금 사 | ノ イ 仁 俥 使 | | | | |

# 偕老同穴

## 해로동혈

살아서는 같이 늙고 죽어서는 한 무덤에 묻힌다는 뜻으로, 생사를 같이하자는 부부의 굳은 맹세를 이르는 말이에요.

### 실생활 적용 예시문

결혼식 주례사에서 흔히 듣는 말이 바로 해로동혈이랍니다.

| 偕 | 偕 | | | | |
|---|---|---|---|---|---|
| 함께 해 | イ イ´ 伫 伫 俦 偺 偕 偕 | | | | |
| 老 | 老 | | | | |
| 늙을 로 | 一 十 土 少 老 老 | | | | |
| 同 | 同 | | | | |
| 한가지 동 | ㅣ ㄇ ㄇ 同 同 | | | | |
| 穴 | 穴 | | | | |
| 구멍 혈 | ´ 宀 穴 穴 | | | | |

# 子子單身
## 혈혈단신

의지할 곳이 없는 외로운 홀몸을 뜻해요.

### 실생활 적용 예시문

그는 일가친척이라고는 하나도 없는 혈혈단신이다.

| 子 | 子 | | | | |
|---|---|---|---|---|---|
| 외로울 혈 | ㄱ了子 | | | | |
| 子 | 子 | | | | |
| 외로울 혈 | ㄱ了子 | | | | |
| 單 | 單 | | | | |
| 홑 단 | ㅅ 䒑 䒑 罒 单 单 單 | | | | |
| 身 | 身 | | | | |
| 몸 신 | ㅅ ㅓ ㅔ 月 月 身 身 | | | | |

# 螢雪之功
## 형설지공

반딧불이, 눈과 함께 하는 노력이라는 뜻으로, 고생을 하면서 부지런하고 꾸준하게 공부하는 자세를 이르는 말이에요.

### 실생활 적용 예시문

그는 형설지공으로 공부에 매진하였다.

| 螢 | 螢 | | | | |
|---|---|---|---|---|---|
| 반딧불이 형 | ㆍ ㆍ 丷 丷 炏 炏 炏 螢 螢 螢 | | | | |
| 雪 | 雪 | | | | |
| 눈 설 | 一 ㄸ 币 币 帝 雨 雪 雪 | | | | |
| 之 | 之 | | | | |
| 갈 지 | ㆍ 亠 之 | | | | |
| 功 | 功 | | | | |
| 공 공 | 一 T I 功 | | | | |

# 好事多魔
## 호사다마

좋은 일에는 흔히 방해되는 일이 많음. 또는 그런 일이 많이 생긴다는 뜻이에요.

### 실생활 적용 예시문

호사다마라더니 좋은 날에 갑자기 사고가 뭐야.

| 好 | 好 | | | | |
|---|---|---|---|---|---|
| 좋을 호 | ㄥ ㄥ 女 女 好 好 | | | | |
| 事 | 事 | | | | |
| 일 사 | 一 ㄲ ㅌ ㅌ ㅌ 写 事 | | | | |
| 多 | 多 | | | | |
| 많을 다 | ㆍ ㄅ ㄅ 夕 多 多 | | | | |
| 魔 | 魔 | | | | |
| 마귀 마 | 广 广 广 广 庆 庆 庵 靡 魔 魔 | | | | |

93

# 浩然之氣

## 호연지기

사람의 마음에 차 있는 너르고 크고 올바른 기운을 말해요.

### 실생활 적용 예시문

화랑들은 산과 들을 누비며 호연지기를 키웠다.

| 浩 | 浩 | | | | |
|---|---|---|---|---|---|
| 넓을 호 | ﹨ 氵 氵 汁 浩 浩 浩 浩 | | | | |
| 然 | 然 | | | | |
| 그럴 연 | 夕 夕 夕 夘 肰 肰 然 然 | | | | |
| 之 | 之 | | | | |
| 갈 지 | ﹨ 亠 之 | | | | |
| 氣 | 氣 | | | | |
| 기운 기 | 气 气 气 气 气 氧 氣 | | | | |

# 魂飛魄散

## 혼비백산

혼백이 어지러이 흩어진다는 뜻으로, 몹시 놀라 넋을 잃음을 이르는 말이에요.

### 실생활 적용 예시문

대포를 쏘는 바람에 혼비백산이 된 적군이 달아나 버렸어.

| 魂 | 魂 | | | | |
|---|---|---|---|---|---|
| 넋 혼 | 二 云 rì 酌 酌 魂 魂 | | | | |
| 飛 | 飛 | | | | |
| 날 비 | 乁 乁 乁 飞 飞 飛 飛 飛 飛 | | | | |
| 魄 | 魄 | | | | |
| 넋 백 | ' 白 白 白 的 的 的 魄 魄 | | | | |
| 散 | 散 | | | | |
| 흩을 산 | 卅 艹 昔 昔 背 散 散 | | | | |

# 忽顯忽沒

## 홀현홀몰

문득 나타났다 문득 없어짐을 뜻해요.

### 실생활 적용 예시문

광풍이 안개를 해칠 때마다 홀현홀몰하는 영봉을 보는 것도 가히 장관이야.

| 忽 | 忽 | | | | |
|---|---|---|---|---|---|
| 갑자기 홀 | ノ 勹 勿 勿 忽 忽 | | | | |
| 顯 | 顯 | | | | |
| 나타날 현 | ﹨ 冂 日 尸 昻 㬎 㬎 㬎 顯 顯 顯 | | | | |
| 忽 | 忽 | | | | |
| 갑자기 홀 | ノ 勹 勿 勿 忽 忽 | | | | |
| 沒 | 沒 | | | | |
| 빠질 몰 | ﹨ ﹨ 氵 氵 沪 沪 沒 | | | | |

## 畫龍點睛

### 화룡점정

무슨 일을 하는 데에 가장 중요한 부분을 완성함을 비유적으로 이르는 말이에요.

**실생활 적용 예시문**

판소리로 화룡점정을 한다면 어떤 식으로 진행이 될까?

| 畫 | 畫 | | | | |
|---|---|---|---|---|---|
| 그림 화 | フ フ ヨ ヨ 串 串 畫 畫 畫 畫 畫 | | | | |
| 龍 | 龍 | | | | |
| 용 룡 | 一 亠 ゙ 育 育 育 龍 龍 | | | | |
| 點 | 點 | | | | |
| 점 점 | 口 日 里 黑 黑 點 點 | | | | |
| 睛 | 睛 | | | | |
| 눈동자 정 | 丨 刂 目 目 目 睛 睛 睛 睛 | | | | |

## 花容月態

### 화용월태

아름다운 여인의 얼굴과 맵시를 이르는 말이에요.

**실생활 적용 예시문**

작가는 자신의 화용월태 작품을 설명하고 있다.

| 花 | 花 | | | | |
|---|---|---|---|---|---|
| 꽃 화 | 一 十 丗 丗 花 花 花 | | | | |
| 容 | 容 | | | | |
| 얼굴 용 | 宀 宀 ゙ 容 容 容 容 | | | | |
| 月 | 月 | | | | |
| 달 월 | 丿 刀 月 月 | | | | |
| 態 | 態 | | | | |
| 모습 태 | 宀 介 育 育 能 能 能 態 態 | | | | |

## 畫中之餠

### 화중지병

그림의 떡을 말해요.

**실생활 적용 예시문**

우리 처지로서는 화중지병이지 무슨 소용이야.

| 畫 | 畫 | | | | |
|---|---|---|---|---|---|
| 그림 화 | フ フ ヨ ヨ 串 串 畫 畫 畫 畫 畫 | | | | |
| 中 | 中 | | | | |
| 가운데 중 | 丨 口 口 中 | | | | |
| 之 | 之 | | | | |
| 갈 지 | 丶 亠 之 | | | | |
| 餠 | 餠 | | | | |
| 떡 병 | 丿 广 ナ 今 今 食 食 食 食 食 餠 餠 | | | | |

# 後生可畏

## 후생가외

젊은 후학들을 두려워할 만하다는 뜻으로, 후학들이 학문을 닦음에 따라 선배들보다 큰 인물이 될 수 있어 가히 두렵다는 말이에요.

### 실생활 적용 예시문

뛰어난 후배들이 점점 많아져 후생가외라는 말을 실감하게 된다.

| 後 | 後 | | | | |
|---|---|---|---|---|---|
| 뒤 후 | ㄱ ㅓ ㅓ ㅓ ㅓ 後 後 | | | | |
| 生 | 生 | | | | |
| 날 생 | ㅣ ㅗ ㅗ 牛 生 | | | | |
| 可 | 可 | | | | |
| 옳을 가 | 一 ㄱ ㅁ ㅁ 可 | | | | |
| 畏 | 畏 | | | | |
| 두려워할 외 | ㄲ ㅁ ㅁ 田 田 畏 畏 畏 | | | | |

# 興亡盛衰

## 흥망성쇠

흥하고 망함과 성하고 쇠함을 뜻해요.

### 실생활 적용 예시문

모든 일에는 흥망성쇠가 있다.

| 興 | 興 | | | | |
|---|---|---|---|---|---|
| 일 흥 | ' ㅓ ㅓ 印 印 印 卯 卯 甪 興 | | | | |
| 亡 | 亡 | | | | |
| 망할 망 | ` 二 亡 | | | | |
| 盛 | 盛 | | | | |
| 성할 성 | ) ㄱ ㄷ 厉 成 成 成 感 盛 | | | | |
| 衰 | 衰 | | | | |
| 쇠할 쇠 | 二 古 卉 苗 声 声 衰 | | | | |

# 喜怒哀樂

## 희로애락

기쁨과 노여움과 슬픔과 즐거움을 아울러 이르는 말이에요.

### 실생활 적용 예시문

아버지는 좀처럼 희로애락을 낯빛에 나타내지 않으신다.

| 喜 | 喜 | | | | |
|---|---|---|---|---|---|
| 기쁠 희 | 一 十 士 吉 吉 声 喜 | | | | |
| 怒 | 怒 | | | | |
| 성낼 로(노) | ㄴ ㅣ 女 如 怒 怒 | | | | |
| 哀 | 哀 | | | | |
| 슬플 애 | 二 古 声 声 声 哀 | | | | |
| 樂 | 樂 | | | | |
| 즐길 락(낙) | ノ ㅛ 幼 妳 缏 絔 燊 樂 樂 | | | | |